MW01705550

Le mieux-être en un week-end

Le mieux-être en un week-end

programmes infaillibles pour revitaliser le corps, l'esprit et l'âme... chez soi

Jane Alexander

TRÉCARRÉ

Données de catalogage avant publication (Canada)

Alexander, Jane, 1960-

Le mieux-être en un week-end

Traduction de : The weekend healer : essential home programmes to refresh body, mind & spirit.

Comprend un index.

ISBN 2-89568-018-3

1. Santé. 2. Gestion du stress. I. Titre.

RA776.A373514 2002 613 C2001-941429-3

L'édition originale de cet ouvrage a paru en anglais sous le titre :
The week-end healer – essential home programmes to refresh body, mind, & spirit

Publié au Royaume-Uni par Gaia Books Limited

Conception : Sara Mathews
Photographie : Craig Robertson, Gus Filgate et Paul Forrester
Traduction : Ginette Hubert et Lucie Legault, Traductions Jean-Guy Robert enr., Sherbrooke
Révision linguistique : Marie-Paule Gagnon
Mise en pages : Infoscan Collette

Nous reconnaissons l'aide financière du gouvernement du Canada par l'entremise du Programme d'aide au développement de l'industrie de l'édition (PADIÉ) pour nos activités d'édition ; du Conseil des Arts du Canada ; de la SODEC ; du gouvernement du Québec par l'entremise du Programme de crédit d'impôt pour l'édition de livres (gestion SODEC).

ISBN 2-89568-018-3

Dépôt légal 2002
Bibliothèque nationale du Québec
Imprimé à Singapour

Éditions du Trécarré
Outremont (Québec) Canada

1 2 3 4 5 06 05 04 03 02

Pour Jane Rayson –
une passionnée de week-ends
et une grande amie

Remerciements de l'auteure

Je remercie Pip Morgan et Sara Mathews pour leur importante contribution à ce projet. De nombreux spécialistes m'ont aidée au fil des ans mais, pour être brève, j'aimerais remercier ceux qui suivent : Virginie Host, Fiona Arrigo, le personnel de la clinique de naturopathie Tyringham, Sue Weston, Angela Hope-Murray, Ian et Carole Heywood, Susan Lever, Sarah Dening, Richard Lanham, Jane Mayers, Sarah Shurety, Karen Kingston, Denise Linn, Ron Wilgosh, Sheila McCleod, Leo Rutherford, Nicki Skully, Shan et Kate Roddick.

Tout mon amour et mes remerciements à ma famille et à mes amis qui partagent mes week-ends et en font des moments si spéciaux. Et toute mon affection à Judy Chilcote, mon agente, avec qui j'aimerais passer de plus nombreux week-ends !

Remerciements de Gaia Books

Gaia Books tient à remercier Lynn Bresler, Elizabeth Wiggans, les modèles (Rosie Hill, Emily Heap, Raksha Patel, Daniel Del Rio), Sunil Vig pour ses conseils en économie domestique, Thomas Hawes pour l'aide à la conception et Will Heap pour l'aide à la photographie.

Comment utiliser ce livre

Quand arrive le vendredi après-midi, nous aspirons tous à la même chose : un week-end relaxant, vivifiant et épanouissant. Et, bien sûr, nous savons tous comment faire pour qu'il en soit ainsi… n'est-ce pas ?

Le mieux-être en un week-end est conçu pour vous aider à réussir vos fins de semaine. Il propose 17 programmes, réalisables à domicile, qui vous permettront de profiter pleinement de vos week-ends et de découvrir les bienfaits de diverses thérapies et techniques naturelles.

Si vous savez déjà quel week-end vous intéresse, c'est parfait. Sinon, prenez le temps de feuilleter le livre. Vous trouverez sûrement une idée qui vous séduira ou une suggestion qui, vous le saurez d'instinct, comblera vos besoins. Vous pouvez également laisser le hasard décider : assis, les yeux fermés, tournez lentement les pages jusqu'à ce que vous ressentiez une irrésistible envie d'arrêter. Regardez sur quel week-end vous êtes tombé et essayez-le ! Ou, alors, choisissez un numéro de page quelconque et expérimentez le programme auquel il correspond.

Vous avez choisi un week-end ? Vous devez maintenant le préparer. À cette fin, une liste non exhaustive du matériel requis est fournie au début de chaque chapitre. Il serait toutefois utile de lire toute la section se rapportant au programme sélectionné avant de commencer, afin de vous assurer que rien ne manque à la réussite de votre fin de semaine. Vous trouverez dans les sections *Ressources* et *Lectures complémentaires* des indications qui faciliteront vos préparatifs. Et si le programme inclut un traitement, une séance d'approches corporelles ou une période d'entraînement au centre sportif, n'oubliez pas de réserver !

Dans la mesure du possible, tâchez de réunir avant le début du week-end aussi bien les accessoires spéciaux que les éléments de première nécessité, comme nourriture et boisson.

J'espère que vous trouverez ces week-ends inspirants et intéressants. J'espère qu'ils vous inciteront à considérer votre vie, vous-même, les gens que vous connaissez et le monde qui vous entoure sous un angle nouveau. Par-dessus tout, j'espère qu'ils sauront vous plaire et vous amuser. *Bons week-ends !*

Table des matières

TROISIÈME PARTIE :

QUATRIÈME PARTIE :

Introduction

Le week-end est un moment spécial : c'est une oasis de calme dans notre vie trépidante, une occasion de « décrocher » du travail et de la routine quotidienne, un temps pour faire les choses qui nous plaisent et être ce que nous voulons être. En principe, du moins. Trop souvent hélas, nous le gaspillons à accomplir une kyrielle de corvées, à magasiner jusqu'à l'épuisement ou à faire les « télégumes » sur le canapé du salon. Évitez de tomber dans le piège du week-end perdu.

Un week-end, c'est la durée idéale pour une pause ressourcement. Une soirée et deux pleines journées devraient vous suffire pour apporter des changements substantiels à votre vie, repenser votre façon d'être et même, adopter un tout nouveau mode de vie.

CHOISIR UN WEEK-END

Avec 17 week-ends différents, ce livre devrait pouvoir répondre aux besoins de tous. Organisé et planifié en fonction d'un vendredi soir, d'un samedi et d'un dimanche, chaque programme vous propose à la fois un horaire et une marche à suivre.

Si vous voulez accorder un peu d'attention à votre corps, choisissez un week-end qui vous permettra de rétablir le contact avec lui (week-end de conscience du corps) ou de le purifier en douceur de toutes ses toxines. Essayez le week-end énergisant si vous manquez d'allant, et le week-end beauté si vous voulez vous dorloter. Et pour retrouver votre équilibre intérieur, le week-end ayurvédique s'impose.

Les week-ends pour l'esprit et le cœur, dans la deuxième partie, vous aideront à entrer en contact avec votre subconscient, à repenser votre vie et à secouer le joug de la routine. Quant au week-end relationnel, tous les couples devraient l'essayer au moins une fois, sinon régulièrement !

Happés par notre vie trépidante, nous négligeons trop souvent de soigner notre vie intérieure, notre esprit et notre âme. C'est pourquoi la troisième partie vous propose plusieurs week-ends qui vous aideront à rétablir l'équilibre en vous initiant à des notions et pratiques importantes comme la méditation, la prière, le rituel et l'aménagement d'un autel. Et si vous souhaitez mieux connaître le chamanisme, le tarot ou la kabbale, vous en aurez un avant-goût avec les week-ends qui en présentent les principes de base.

Dans la dernière partie, nous vous proposons des façons de saluer et de célébrer le printemps, l'été, l'automne et l'hiver. Nos ancêtres avaient instauré un cycle de festivals et de rituels pour marquer les changements de saison. Vous trouverez ici des week-ends qui vous mettront au diapason des quatre grandes divisions de l'année. Ils vous aideront à mettre votre esprit, votre corps et votre âme en harmonie avec les fluctuations annuelles de l'énergie et, donc, à faire face aux grands changements et questionnements liés à chaque saison.

À la fin du livre, vous trouverez deux importantes pratiques de yoga : le salut au soleil, pour commencer la journée, et le salut à la lune, pour la terminer. Figurant au programme de plusieurs week-ends, ces routines peuvent être intégrées à votre vie de tous les jours.

POUR LA BONNE MARCHE DE VOS WEEK-ENDS

Pour que votre week-end se déroule bien et donne les résultats escomptés, vous devez au préalable prendre certaines mesures importantes. Informez votre famille et vos amis de ce que vous faites et expliquez-leur que vous ne pourrez vous soustraire de vos activités pour agir comme à l'ordinaire.

Si vous vivez avec d'autres personnes, demandez-leur de vous assurer calme et tranquillité lorsque vous en avez besoin, de nettoyer derrière elles de sorte que vous n'ayez pas à le faire, de prendre vos messages téléphoniques, de laisser la salle de bain libre pour votre rituel de bain du soir, bref de vous aider de toutes les façons possibles.

Si vous vivez seul, ou si vous avez pris des dispositions pour être seul (un excellent choix), vous pourriez enregistrer un message spécial sur votre répondeur et laisser une note sur la porte disant que vous êtes occupé.

PAIX ET TRANQUILLITÉ

Ce ne sont pas tous les week-ends de ce livre qui nécessitent une solitude absolue – de fait, bon nombre ont un côté très convivial ! Quelques-uns toutefois, en particulier ceux qui sont à caractère spirituel, exigent paix et tranquillité.

Par exemple, vous ne devez jamais être interrompu au milieu d'un voyage chamanistique ou d'un cheminement kabbalistique. Si ces rituels sont à votre programme, vous devez clairement expliquer à tous ceux qui vous entourent qu'il ne faut sous aucun prétexte vous déranger avant la fin. Sortir rapidement d'un profond rituel de voyage intérieur peut déstabiliser la psyché et provoquer un horrible mal de tête ou une impression de malaise général.

Si cependant la chose se produit, vous devez prendre cinq minutes pour « revenir à vous ». Après être resté assis calmement à prendre de profondes respirations, présentez vos excuses à tout être de votre monde intérieur avec lequel vous étiez en communication et enclenchez sans hésitation le rituel de retour. N'oubliez pas de taper des pieds pour bien reprendre contact avec la réalité.

SOYEZ SOUPLE

Les suggestions faites pour chaque week-end ne sont pas des ordonnances médicales. Ne vous sentez pas obligé de les suivre à la lettre ! Faites preuve de souplesse et d'intuition.

Si vous avez une aversion marquée pour l'art et que le week-end suggère de sortir peinture et crayons de couleur pour visualiser vos sentiments, vous pouvez décider de surmonter votre aversion en espérant découvrir quelque chose d'intéressant à votre sujet ou choisir une activité similaire dans un autre week-end (un mouvement, de la musique ou un dialogue avec vous-même).

Sur un plan plus concret, il peut arriver que les directives recommandent de prendre un bain... alors que vous n'avez qu'une douche ! Efforcez-vous en toutes circonstances d'adapter les directives à vos conditions personnelles. Vous pourriez, par exemple, verser quelques gouttes d'huile essentielle sur un bout de tissu léger que vous fixerez autour de la pomme de douche.

Certains exercices, comme le salut au soleil, se composent d'une suite d'étapes, et les directives qui s'y rapportent peuvent sembler compliquées. Vous aurez peut-être de la difficulté à les lire tout en exécutant les mouvements. Pour vous simplifier la tâche, enregistrez les consignes et écoutez-les en faisant les exercices. N'oubliez pas de prévoir de longues pauses pour pouvoir vous mettre en position.

SÉCURITÉ AVANT TOUT

Tout ce qui est proposé dans ce livre est absolument sans danger. J'ai moi-même essayé tous les exercices et j'en utilise un bon nombre fréquemment. Ils sont toutefois puissants, et beaucoup d'entre eux travaillent en profondeur, sur les plans tant corporel que psychique.

Si vous souffrez de problèmes de santé ou avez d'autres troubles ou préoccupations d'ordre médical, je vous recommande fortement de consulter votre médecin avant de faire les exercices proposés dans ce livre. C'est une démarche sensée puisque vous vous relaxerez mieux si vous savez que vous ne risquez pas de vous blesser.

FAIRE FACE À L'IMPRÉVU

Tous les week-ends – même ceux qui portent sur le corps – auront en outre de profondes incidences sur le plan psychologique. Certains exercices peuvent réveiller des sentiments ou des souvenirs anciens ou inattendus, ce qui peut parfois s'avérer dérangeant, voire carrément déplaisant. N'en soyez ni surpris ni effrayé.

Je crois qu'en règle générale seuls remontent à la conscience les problèmes que nous sommes prêts à aborder. Si vous vous sentez mal à l'aise, interrompez l'exercice et respirez profondément le temps de vous calmer, puis reprenez.

Si vous trouvez que l'émotion ressentie est carrément insupportable, abandonnez complètement l'exercice, préparez-vous une tasse de thé et faites une activité familière et banale, comme regarder la télévision ou écouter la radio.

Une fois le calme revenu, vous aurez peut-être envie de discuter de votre expérience avec un ami. Vous pourriez aussi envisager de consulter un thérapeute professionnel. Je suis fermement convaincue que toute émotion ou souvenir déplaisant qui fait surface mérite toute notre attention. Toutefois, si l'émotion est très pénible, n'hésitez pas à demander l'aide et les conseils d'un professionnel.

IMPORTANT

L'utilisation des techniques illustrées dans ce livre est laissée à l'entière discrétion du lecteur. Toujours observer les mises en garde données dans le texte et consulter un médecin en cas de doute sur des questions d'ordre médical.

Première partie – Week-ends pour le corps

Combien de temps consacrez-vous à votre corps pendant la semaine ? Même avec les meilleures intentions du monde, vous avez du mal à conjuguer les soins de votre corps et les exigences de votre travail, de votre famille et de votre vie quotidienne. Le résultat ? Souvent, vous mangez le mauvais type d'aliments ou avalez en vitesse de la bouffe-minute ou des repas préparés. Vous torturez votre corps en lui infligeant de longues heures d'immobilité devant l'ordinateur ou au volant de votre voiture. Vous trouvez à peine le temps de penser à bouger et à faire de l'exercice.

Le week-end est le moment idéal pour une séance d'entraînement corporel. Une occasion rêvée pour secouer le joug des mauvaises habitudes, essayer de nouveaux régimes alimentaires et programmes d'exercice, se dorloter et se faire une beauté. Les week-ends de la présente section vous aideront à vous sentir beaucoup mieux dans votre peau. Si vous avez l'impression d'être totalement coupé de votre corps, reprenez contact avec lui au cours d'un week-end de conscience du corps. Ce programme est un point de départ idéal et une préparation naturelle aux suivants. Si vous n'êtes pas conscient de votre corps, vous ne pouvez pas vraiment avoir accès aux royaumes de la pensée et de la spiritualité.

Les autres week-ends de la présente section explorent plus en profondeur la relation entre l'esprit et le corps et revitalisent le Soi. Différents programmes vous sont offerts pour refaire le plein d'énergie, purifier votre organisme ou vous dorloter (week-end beauté). Nous donnons également un aperçu de l'étonnante pratique indienne de l'ayurvéda – un système médical global visant la santé et le bien-être parfait.

Vous découvrirez peut-être que les effets de ces week-ends dépassent le cadre d'une fin de semaine et ont une incidence sur votre vie de tous les jours. De légers changements à votre mode de vie peuvent s'avérer extrêmement efficaces, et même les plus infimes vous aideront à vous sentir, et à paraître, beaucoup mieux.

Week-end de conscience du corps

Quel genre de relation entretenez-vous avec votre corps ? Êtes-vous de bons amis, de vagues connaissances indifférentes l'une à l'autre ou, pire encore, des ennemis jurés ? Rares sont ceux qui entretiennent une relation vraiment étroite avec leur corps, d'où l'émergence de divers malaises, maux persistants et maladies chroniques. En vous aidant à redéfinir votre relation avec votre corps, ce week-end vous mettra sur la voie d'une meilleure santé.

MATÉRIEL

- *Aliments santé (voir page 17)*
- *6 l (1,5 gal) d'eau minérale*
- *Huiles essentielles : citron, géranium, lavande et camomille romaine*
- *Huile d'amandes douces*
- *Élixir floral de noyer du docteur Bach*
- *Papier et crayons de couleur ou peinture*

Vendredi soir PARLEZ À VOTRE CORPS.

Nous demandons rarement à notre corps ce dont il a besoin ou ce qu'il désire. Ce soir, ainsi que samedi et dimanche matin, vous allez donc calmement dialoguer avec lui et lui poser les questions suivantes :

✦ De quoi as-tu besoin maintenant : d'eau ? de nourriture ? Si oui, quel genre de nourriture ? D'un bon étirement ? D'exercice ? De repos ? De sommeil ?

✦ Qu'aimerais-tu faire maintenant ?

✦ Quels changements aimerais-tu que je fasse en général : que je modifie mon alimentation ? Que je fasse plus d'exercice ? moins d'exercice ? des exercices différents ? Plus de détente ? Plus de repos ?

✦ Essayez de vous plier de bonne grâce à ses désirs. Trouvez des façons d'adapter votre style de vie pour offrir à votre corps ce dont il a besoin. Si vous avez de la difficulté à le faire, imaginez ce qu'il dirait, s'il le pouvait. Jonglez avec cette idée – les résultats pourraient vous surprendre.

RITUEL DE LA DOUCHE

Commencez la soirée par un rituel de douche vivifiant.

1. Laissez tomber une ou deux gouttes d'huile de citron (qui a des propriétés tonifiantes et favorise la conscience de soi) sur un gant de toilette ou un gant en luffa.

2. En vous lavant, portez votre attention sur chacune des parties de votre corps et prenez-en conscience. Promettez-vous que tout au long de cette fin de semaine, vous allez traiter votre corps avec bonté.

QUE RESSENTEZ-VOUS LORSQUE VOUS MANGEZ ?

Ce soir, prenez un de vos repas habituels, mais portez attention à ce que vous mangez et buvez.

✦ Est-ce à votre goût ? Quelle impression laisse la nourriture dans votre bouche ?

✦ Comment vous sentez-vous pendant que vous mangez ? après le repas ? dix minutes plus tard ?

✦ Prenez conscience de la réaction de votre corps à ce que vous mangez (il aime ou n'aime pas ?). Est-ce que la nourriture que vous ingérez est à la fois énergisante et apaisante ? Dormez-vous bien après avoir mangé ?

MANGER SAINEMENT

Consommez de préférence des produits biologiques, de saison, cultivés localement et qui assurent à votre organisme la meilleure alimentation possible.

✦ *Fruits et légumes frais : cinq portions chaque jour.*

✦ *Glucides complexes : grains entiers ou non raffinés (riz brun, avoine), pâtes et pain de blé entier, pommes de terre.*

✦ *Protéines : légumineuses, noix, viande blanche maigre, poisson (en particulier les poissons gras), produits à base de soja.*

✦ *Relevez votre nourriture avec des fines herbes et des épices.*

✦ *Buvez 2 l (8 tasses) d'eau minérale chaque jour.*

✦ *Réduisez votre consommation des éléments suivants : alcool, caféine, sel, sucre, édulcorants de synthèse, aliments vides, repas préparés ou minute, viandes fumées, saucisses, viande rouge, produits laitiers riches en matières grasses et fritures.*

Samedi ENTRER EN CONTACT

Consacrez au moins 20 minutes à cet exercice dès le réveil. Passez ensuite le reste de la matinée à faire des exercices modérés.

1. Allongez-vous par terre sur le dos, nu ou avec seulement des vêtements de nuit amples.

2. Sentez le sol, portez attention sur les points où votre corps est en contact avec lui et ceux où il ne l'est pas.

3. Portez votre attention sur vos pieds. Prenez conscience de vos orteils, de vos talons. Vos pieds sont-ils froids ou chauds ? Vous semblent-ils légers ou lourds ? Sentez-vous une différence entre les deux ?

4. Portez maintenant votre attention sur vos jambes et posez-vous les mêmes questions au sujet de vos chevilles, mollets, genoux, cuisses et hanches. Faites la même chose pour les fesses, le ventre, l'abdomen, la poitrine et les épaules.

5. Portez attention à votre dos. Prenez conscience de votre colonne vertébrale. Y a-t-il une différence entre ses sections inférieure, moyenne et supérieure ? Prenez conscience de votre cou, de vos bras, de vos poignets et de vos mains.

6. Pour terminer, portez votre attention sur votre visage et votre tête. Vos mâchoires sont-elles tendues ? Y a-t-il une différence entre vos deux yeux ? vos deux oreilles ? Prenez conscience de votre cuir chevelu, de vos cheveux.

AFFIRMATION DU MATIN

Prenez trois gouttes d'élixir floral de noyer du docteur Bach dans un verre d'eau minérale. Le noyer aide à faire des changements et à se débarrasser d'habitudes anciennes, malsaines et inutiles. Couché sur votre lit, affirmez que votre objectif pour ce week-end est d'écouter les besoins de votre corps et d'être plus gentil et plus doux avec lui.

UN APRÈS-MIDI « TOUCHANT »
Êtes-vous en manque de contacts physiques ? Votre corps ressent-il un urgent besoin d'être caressé, frotté, massé, touché ? Mettez à votre horaire une séance d'approches corporelles – massage thaïlandais, aromathérapie, shiatsu ou massage chinois Tui Na. *Ces méthodes peuvent mettre un baume sur nos anciennes blessures et nous libérer des souvenirs qui nous hantent.*

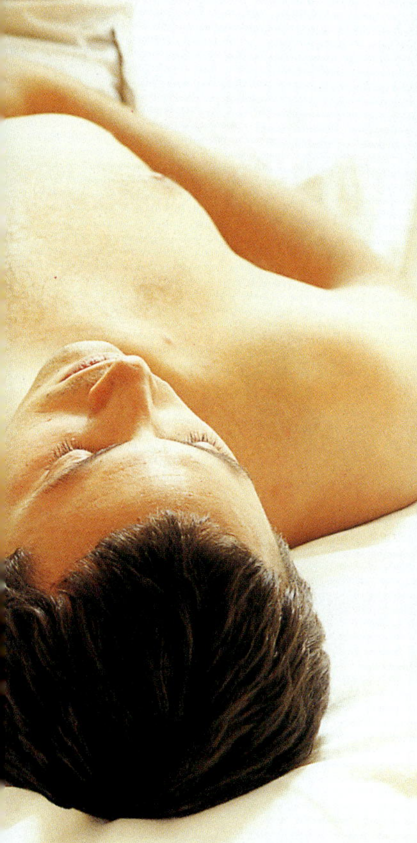

L'ART DE BIEN RESPIRER

Bien respirer est une façon d'entrer en contact avec son corps. C'est aussi un élément essentiel à une bonne santé.

1. Confortablement couché sur le sol, rapprochez vos pieds de vos fesses. Les mains reposant délicatement sur l'abdomen, joignez les plantes de vos pieds. (Si cette position est inconfortable, placez des coussins sous vos genoux.) Cette posture étire la partie inférieure de l'abdomen et améliore la respiration.

2. Inspirez lentement et régulièrement par le nez ; sentez votre abdomen se gonfler et se contracter.

3. Expirez lentement et régulièrement par le nez ; remarquez que vos doigts se touchent lorsque votre abdomen se dégonfle.

4. Faites une pause d'une ou deux secondes. Répétez l'inspiration et l'expiration en prenant conscience du passage de votre souffle dans la poitrine et l'abdomen. Continuez à votre propre rythme pendant environ cinq minutes.

5. Si vous vous sentez à l'aise de le faire, vous pouvez prolonger votre souffle et le faire remonter de l'abdomen vers la poitrine en inspirant. Vous aurez ainsi une respiration plus longue et plus profonde.

6. Finalement, rapprochez les genoux et étirez lentement les jambes. Relaxez sur le sol pendant quelques minutes.

BAIN ET MASSAGE

Finissez la journée en prenant un long bain voluptueux (ajoutez à l'eau deux gouttes d'huile de lavande et deux gouttes d'huile de camomille romaine pour relaxer et faciliter l'acceptation). Massez-vous ensuite avec un mélange de 15 à 20 ml d'huile d'amandes douces et quatre gouttes de chacune des huiles mentionnées précédemment. Soyez attentif à chacune des parties de votre corps et massez plus longtemps celles qui sont stressées ou endolories. Point n'est besoin d'une technique parfaite – le désir de toucher votre corps et de reprendre contact avec lui suffit.

Dimanche UNE CONSCIENCE ÉLARGIE

Pendant que vous progressez dans la prise de conscience de votre corps, dites-vous que c'est agréable et satisfaisant. Ne balayez pas vos doutes ou problèmes du revers de la main, mais réfléchissez calmement aux questionnements provoqués par ce processus. Il serait peut-être utile de prendre en note les réflexions qui vous viennent à l'esprit et les choses qui vous irritent.

LAISSEZ VOTRE CORPS CHOISIR.
Répétez la routine de prise de conscience du samedi et cherchez à savoir ce que votre corps veut aujourd'hui. Il pourrait vous demander de :

✦ Marcher : faites une promenade sans presser le pas, en prenant conscience de votre façon de marcher et de ce que voyez, entendez et sentez autour de vous.

✦ Vous asseoir sous un arbre pour songer, méditer ou lire.

✦ Faire de l'exercice : une randonnée à bicyclette, une période de natation ou une séance d'entraînement ou d'aérobie au gymnase.

✦ Faire un autre massage : essayez-en un nouveau. Vous pouvez également trouver un ou une amie pour échanger vos techniques de massage.

✦ Faire du sport : quels sports aimiez-vous pratiquer à l'école ? Devenez membre d'un club ou d'une équipe ou faites simplement une activité sportive avec les enfants.

✦ Faire des exercices pour l'esprit et le corps, comme le yoga, la méthode Pilates, le *Qi Gong* ou le *taï chi*.

✦ Essayer de nouvelles façons de cuisiner et de manger : cuisine à teneur réduite en matières grasses, végétarisme, macrobiotique ou régime alimentaire mixte. Achetez un livre de cuisine ou inscrivez-vous à un cours de cuisine-santé.

✦ Consulter un professionnel des soins de santé naturels : votre corps a peut-être désespérément besoin d'une dose de médicaments homéopathiques ou d'un traitement d'acupuncture, de phytothérapie, de thérapie nutritionnelle, d'ayurvéda ou de réflexologie.

SOYEZ AUX ORDRES DE VOTRE CORPS.

Cet après-midi, apprenez à mieux connaître votre corps par le mouvement et l'art. Assurez-vous de ne pas être dérangé et n'ayez aucune crainte à vous laisser aller – personne ne vous demande de danser ou de dessiner en respectant toutes les règles de l'art.

1. Enlevez vos chaussures et vos chaussettes et marchez autour de la pièce en prenant conscience de la façon dont votre corps entre en relation avec ce qui l'entoure. Remarquez la sensation que vous donne le contact de vos pieds sur le sol. Vos bras ont-ils envie de s'étirer ?

2. Faites une pause et tenez-vous fermement en équilibre sur vos deux pieds. Sentez dans votre bassin que votre corps se détend. Imaginez que votre bassin est un socle sur lequel repose votre corps. Prenez conscience de votre bassin et des mouvements qu'il veut faire.

3. Soyez vraiment à l'écoute de votre corps. Il a peut-être envie de courir en tous sens, de se balancer doucement ou de se rouler en boule.

4. Si votre corps s'immobilise, peut-être n'est-ce qu'une pause. Soyez prêt à bouger et attendez ses ordres.

5. Quand votre corps s'est totalement exprimé, laissez vos mains traduire avec des crayons de couleur (ou de la peinture) ce qu'il ressent ou le message qu'il veut vous transmettre. Votre dessin n'a pas besoin d'être figuratif – il peut n'être que des formes ou des couleurs.

6. Prenez du recul et regardez ce que vous avez produit. Écrivez ce qui vous vient à l'esprit.

Week-end de désintoxication

Le corps dit parfois clairement que l'on a forcé la note ! On se sent mal dans sa peau, complètement vidé d'énergie, et l'esprit fonctionne au ralenti. Le nettoyage que vous effectuerez pendant ce week-end est doux et sans danger, mais très efficace, et il offrira une cure de jeunesse à votre corps.

ATTENTION : *ne pas faire cette cure de purification si vous êtes enceinte, si vous allaitez, êtes menstruée ou si vous souffrez d'un rhume ou d'une infection. Si vous avez des ennuis de santé, parlez-en d'abord à votre médecin.*

MATÉRIEL

- *Salades saisonnières, fruits et légumes*
- *Tisanes : thym, gingembre, menthe poivrée*
- *6 l (1,5 gal) d'eau minérale*
- *Six citrons*
- *Huiles essentielles : romarin, plus camomille, pin ou genièvre*
- *Sel d'Epsom (ou sel de bain à base de sels minéraux)*
- *Brosse à long manche à fibres de soie naturelle*
- *Des serviettes à profusion*
- *Chandelles, livres inspirants, musique*

Vendredi soir PRÉPARATION

Mangez légèrement toute la journée pour vous préparer à ce week-end. Bannissez le café, le thé, les protéines lourdes et les matières grasses. Buvez au moins 2 litres (8 tasses) d'eau à température ambiante. Prenez un souper léger, comme une salade (avec un peu de vinaigrette faite d'huile d'olive, d'ail, de citron et de vinaigre de cidre). À partir de maintenant, ne buvez que de l'eau (chaude ou à température ambiante), de la tisane ou du thé au gingembre.

BROSSAGE DE LA PEAU

Brossez votre peau avant de vous coucher. Comme la peau doit être sèche, faites-le avant le bain. Ce brossage stimule le système lymphatique et favorise l'évacuation des toxines.

✦ Brossez les pieds, les orteils et la plante des pieds, puis le devant et l'arrière des jambes. Faites de longs mouvements fluides, en allant toujours vers le haut et en direction de l'aine.

✦ Brossez ensuite les fesses et le bas du dos (du mieux possible) en faisant des mouvements vers le haut.

✦ Brossez les mains et les bras, en allant vers les aisselles.

✦ Frottez les épaules et la poitrine, en direction du cœur (évitez de brosser les mamelons).

✦ Brossez ensuite la nuque, en descendant.

✦ Brossez l'abdomen et la région de l'estomac en faisant des mouvements circulaires, dans le sens des aiguilles d'une montre.

Prenez maintenant un bain auquel vous ajouterez deux gouttes d'huile de romarin. Ajoutez graduellement de l'eau fraîche pour qu'au bout d'environ une demi-heure l'eau soit assez froide, ce qui contribue également à stimuler la lymphe.

EFFETS SECONDAIRES DE LA PURIFICATION

Les effets secondaires qui suivent sont des signes que vous évacuez vos toxines. En cas d'inquiétude, consultez votre médecin.

- ✦ *Mal de tête*
- ✦ *Transpiration plus abondante ou plus odorante*
- ✦ *Sensation de fatigue*
- ✦ *Émotions inhabituelles*
- ✦ *Langue chargée*
- ✦ *Boutons ou éruption cutanée*
- ✦ *Constipation*

Samedi GRAND NETTOYAGE

Aujourd'hui, suivez un régime à base d'un seul aliment : mangez un seul type de fruit ou de légume (raisins, pommes ou carottes) ou buvez seulement le jus de ce fruit ou légume. Mangez ou buvez par petites quantités à la fois toute la journée, en mâchant bien ou en sirotant lentement votre jus – prenez conscience de chaque bouchée ou gorgée.

Commencez la journée en buvant une grande tasse d'eau chaude additionnée de jus de citron fraîchement pressé. Sortez faire une promenade vivifiante, en remarquant ce qui vous entoure.

RESPIRATION PURIFICATRICE

Ce puissant exercice de respiration vous aidera à éliminer les toxines libérées. De plus, il renforcera et tonifiera tout votre système. ATTENTION : ne pas le faire si vous souffrez de maladie cardiaque, d'hypertension, d'épilepsie, d'une hernie ou d'une atteinte aux oreilles, au nez ou aux yeux.

1. Inspirez lentement et profondément. Ne faites aucun effort excessif.

2. Expirez vivement, comme lorsque vous éternuez. En même temps, prenez conscience de votre abdomen qui, naturellement, se contracte et s'aplatit lorsque vous expirez.

3. Inspirez naturellement et expirez vivement encore une fois.

4. Recommencez ce cycle tant que vous pouvez le faire aisément. Au début, vous ne pourrez peut-être pas soutenir plus d'une minute un exercice aussi vigoureux. Faites-le régulièrement pendant la fin de semaine et remarquez l'amélioration.

5. Quand l'exercice est terminé, revenez à une respiration normale. Comment vous sentez-vous ?

Si vous le pouvez, faites suivre cet exercice d'un bain turc, incluant bain de vapeur et massage, ou bien allez nager. Vous pourriez opter pour une séance de massage ou d'approches corporelles : le drainage lymphatique manuel est particulièrement utile pour purifier l'organisme, car il stimule la circulation de la lymphe. N'importe quel massage

vous fera du bien (demandez à votre thérapeute d'utiliser des huiles qui favorisent la désintoxication si vous avez opté pour un traitement d'aromathérapie).

BAIN AU SEL D'EPSOM

Couchez-vous tôt après un brossage de peau complet et un bain au sel d'Epsom. Vous transpirerez beaucoup et éliminerez une grande partie des toxines que votre organisme commence à évacuer.

ATTENTION : évitez le sel d'Epsom si vous avez des troubles cardiaques, êtes diabétique ou si vous vous sentez faible et fatigué. Remplacez-le par un bain à base de sels minéraux, comme de la boue Moor.

1. Dissoudre environ 450 g (16 oz) de sel d'Epsom dans un bain chaud, sans qu'il soit brûlant.

2. Relaxez-vous dans le bain pendant une vingtaine de minutes. Visualisez toutes les toxines qui sont évacuées par les pores de votre peau et qui se dissolvent dans l'eau. Buvez une tisane chaude (thym ou menthe poivrée) qui augmente la transpiration et remplace les liquides perdus.

3. Sortez du bain avec précaution, car vous pourriez vous sentir étourdi. Ne vous essuyez pas ; enveloppez-vous simplement dans de grandes serviettes chaudes et allez vous coucher. Assurez-vous que vos pieds sont chaudement enveloppés. Vous allez probablement vous endormir aussitôt.

ÉLIMINEZ LES TOXINES DE VOTRE VIE.

Ce soir, écrivez des moyens que vous pourriez prendre pour éliminer les toxines de votre vie, pas seulement de votre corps. Qu'est-ce qui vous empoisonne l'existence ? Des gens ? Votre travail ? Votre foyer ou l'endroit où vous habitez ? Quels changements pourraient réduire la « charge toxique » qui pèse sur votre vie ?

Dimanche DE PLUS EN PLUS PROPRE

En vous réveillant, nettoyez-vous avec une éponge trempée dans de l'eau tiède ou sous une douche tiède. Séchez-vous en vous frottant vigoureusement, au point que votre peau pourrait picoter. Buvez une tasse d'eau chaude à laquelle vous aurez ajouté le jus d'un citron. Mangez une salade de fruits frais (voir page 153) ou, si le temps est froid, faites cuire des fruits (pommes, poires et raisins de Smyrne, raisins secs) dans un peu d'eau.

Faites un peu d'exercice et pour le dîner, mangez une autre salade de fruits (fruits saisonniers mélangés) garnie de yogourt nature « actif ». Mangez lentement, en prenant conscience de ce que vous faites et en goûtant chaque bouchée.

BUVEZ DE L'EAU

Buvez 2 litres (8 tasses) d'eau, de préférence chaude, au cours de la journée, car l'eau chaude est censée éliminer les toxines plus efficacement que l'eau froide.

MÉDITATION DE PURIFICATION

Répétez la respiration de purification en après-midi.

1. Assoyez-vous sur une chaise droite ou sur le sol.
2. Assurez-vous que votre corps est décontracté, en particulier les mâchoires, les épaules, les jambes et les fesses.
3. Concentrez-vous maintenant sur votre respiration sans essayer de la modifier. Remarquez que vous inspirez, retenez votre souffle un moment, puis expirez. Il y a ensuite une autre pause, puis vient l'inhalation suivante.
4. Suivez votre respiration de cette façon et si votre esprit se met à vagabonder, recentrez-le sur votre respiration.
5. Imaginez que vous exhalez des pensées et des émotions toxiques de votre corps et que vous inhalez de l'énergie et des possibilités nouvelles et excitantes.
6. Quand vous êtes prêt, recentrez-vous sur votre respiration.
7. Maintenant, prenez conscience de votre corps – de vos fesses sur le plancher ou sur la chaise, de votre tête en équilibre sur votre cou, de vos épaules lourdes et détendues.
8. Prenez maintenant conscience du monde autour de vous : les sons, la température. Ouvrez lentement les yeux et revenez à un état de conscience normal.
9. Restez assis un peu. Buvez de l'eau avant de vous lever.

NE SOYEZ PAS TROP EXIGEANT ENVERS VOUS.
Soupez tôt, vers 18 h. Un simple bol de légumes cuits à la vapeur et assaisonnés de fines herbes, d'épices et d'ail au goût (mais pas de sel). Préparez une vinaigrette avec 5 ml d'huile d'olive et de jus de citron (ajoutez du gingembre et de l'ail si vous le désirez) et versez sur les légumes cuits. Laissez reposer quelques minutes pour permettre le mélange des saveurs. Si vous avez une faim de loup, complétez votre repas avec une portion de riz brun bouilli ou une pomme de terre au four.

Ce soir, prenez vos aises et dorlotez-vous. Allumez quelques chandelles et faites chauffer une huile essentielle (genièvre, camomille ou pin) dans un diffuseur. Pelotonnez-vous dans un fauteuil ou au creux de votre lit avec un bon livre ou écoutez de la musique.

Vérifiez tous les points de votre corps et voyez comment vous vous sentez. Y a-t-il certains aspects du programme que vous pourriez continuer ? Abandonner le café pour toujours ? Boire de l'eau chaude avec du jus de citron au lever ? Consacrer 20 minutes de votre journée à la méditation ? Même les petits changements feront un bien immense à votre corps.

BAIN AU VINAIGRE DE CIDRE
Ce soir encore, couchez-vous tôt. Faites un brossage complet de votre peau (vous savez sûrement comment vous y prendre). Ajoutez 500 ml de vinaigre de cidre de pomme à un bain tiède (assurez-vous qu'il n'est pas trop chaud). Relaxez-vous dans le bain pendant une quinzaine de minutes. Ce bain a de très grandes propriétés désintoxiquantes. Épongez-vous et allez dormir.

Week-end beauté

Honnêtement, qui ne souhaite pas être plus beau ? Nous dépensons des fortunes en cosmétiques coûteux, mais rares sont les gens qui pensent à leur corps et s'en occupent vraiment. Offrez-vous le luxe d'un week-end beauté, traitez-vous aux petits soins et vous aurez l'air – et serez – en pleine forme.

MATÉRIEL

- *Aliments beauté (voir page 33), y compris beaucoup de fruits à manger crus ou dont vous extrairez le jus*
- *2,5 l (10 tasses) de lait frais*
- *Barquette de cerises rouges bien mûres*
- *Gros sac de sel de mer*
- *25 ml de cire d'abeilles et 40 ml d'eau de rose*
- *Huiles d'amandes, de pépins de raisin, de germe de blé et de noix de coco*
- *Vinaigre de cidre*
- *Miel sauvage*
- *2 oeufs*
- *Thé vert*
- *Huiles essentielles : voir dans le texte celles qui sont proposées*
- *Pots de verre stérilisés*

Vendredi soir UN NOUVEAU DÉPART

Regardez dans votre trousse à maquillage, dans la pharmacie de la salle de bain et sur votre tablette à produits de beauté et que voyez-vous ? Il y a fort à parier que tous ces espaces de rangement sont archi-pleins. Pourtant, le maquillage et les cosmétiques ne se conservent pas éternellement ; ils se détériorent même assez rapidement. Faites le grand ménage : jetez tout ce qui a plus d'un an, ce que vous ne portez plus et ce qui ne vous convient plus.

Vous pouvez décider de combiner ce week-end avec une purification. Suivez alors les directives alimentaires des pages 22 à 29. Sinon, mangez ce qui est bon et sain, en particulier des fruits frais et des jus.

Pendant tout le week-end, donnez congé de maquillage à votre visage et laissez-le respirer. Transformez en mini-rituel votre séance d'ablutions du vendredi soir.

1. Allumez des chandelles et faites jouer de la musique apaisante dans la salle de bain. Gardez au chaud sur le radiateur une pile de serviettes douces.

2. Enlevez avec précaution tout votre maquillage, idéalement avec un peu d'huile de coco – prenez soin de ne pas étirer la peau.

3. Faites couler un bain d'eau chaude et ajoutez 2,5 litres (10 tasses) de lait frais et une goutte ou deux d'huile essentielle de camomille.

4. Écrasez des raisins biologiques bien mûrs (les raisins ont des vertus tonifiantes et nourrissantes) et faites-en une pâte que vous appliquerez comme masque facial.

5. Immergez-vous maintenant dans votre bain de lait (qui adoucira et hydratera votre peau).

6. Relaxez-vous environ 10 minutes puis rincez votre visage et tamponnez-le avec l'eau laiteuse.

7. Restez dans le bain 10 minutes de plus, puis sortez et séchez-vous en tapotant votre peau.

ALIMENTS BEAUTÉ

Les aliments sains font partie intégrante de l'équation beauté.

✦ *Buvez 2 litres (8 tasses) d'eau minérale par jour.*

✦ *Achetez un extracteur de jus et préparez toutes sortes de jus : orange, raisin, papaye, mangue, goyave, carotte, céleri. Buvez votre jus dès qu'il est prêt : sirotez-le lentement et gardez-le quelques secondes dans la bouche avant de l'avaler.*

✦ *Évitez les produits à base de blé et les produits laitiers. Ils ont tendance à obstruer l'intestin et à inhiber l'absorption des éléments nutritifs. L'accumulation de mucus qui en résulte est source de congestion.*

✦ *Ingérez des glucides complexes (pommes de terre, riz brun, gruau, légumes racines et légumineuses) : ces produits devraient représenter la moitié de votre apport alimentaire.*

✦ *Mangez cinq portions de légumes et environ 55 g (2 oz) de protéines (poisson, graines, noix et légumineuses) chaque jour.*

✦ *Faites une consommation modérée de gras – assurez-vous que les huiles que vous achetez sont pressées à froid et non raffinées.*

Samedi ACTIVEZ VOTRE CIRCULATION.

Bougez ! Ce matin, faites de l'exercice ; en après-midi, offrez-vous un massage facial et en soirée, prenez un bain-massage suivi d'une bonne nuit de sommeil réparateur.

Si vous n'êtes pas un mordu d'exercice physique, voyez si le club sportif ou le centre de santé local offre des méthodes d'exercice physique à la fois douces et puissantes, telles que yoga ou Pilates, qui tonifient le corps sans vous faire suer sang et eau. Faites au moins une promenade énergique ou une bonne séance de natation. N'oubliez pas : toujours commencer et terminer une période d'exercice par une série d'étirements.

MASSAGE FACIAL SHIATSU

Le massage des divers *tsubos* (points d'acupuncture) contribue à revitaliser le visage et soulage les tensions qui provoquent les rides. Avec les pouces ou l'extrémité de un ou plusieurs doigts, exercez une pression d'environ cinq secondes sur chaque point. Appliquez le degré de pression qui vous semble approprié. Certains endroits peuvent être sensibles mais n'appuyez pas au point que la douleur soit atroce !

1. Fermez les yeux et massez doucement votre visage avec le bout de vos doigts en décrivant des mouvements circulaires.

2. Couvrez-vous les yeux avec les paumes de vos mains et relaxez-vous quelques minutes dans cette position. Vous pouvez appuyer les coudes sur la table.

3. Trouvez le point où l'os fait saillie, sur le bord inférieur de chaque pommette. Ce point est normalement situé directement sous le centre de l'œil. Exercez une pression des deux côtés en même temps.

4. Déplacez vos doigts vers le haut du nez, dans le coin des yeux. Appuyez à cet endroit avec vos index.

5. Déplacez vos doigts vers chaque côté des yeux (le coin extérieur, le plus près des oreilles). Appuyez sur ces points.

6. Trouvez le point situé juste sous le lobe de l'oreille, entre les os. Exercez une pression à cet endroit (des deux côtés en même temps, comme toujours).

7. Revenez sous les yeux et trouvez le *tsubo* sur le bord osseux de l'orbite oculaire. Exercez une légère pression.
8. Finissez le massage en travaillant entre les sourcils. Exercez une pression ferme, puis appliquez un peu d'huile de coco et massez ce point doucement en effectuant un mouvement circulaire, dans le sens des aiguilles d'une montre. Le massage de ce point contribue à l'élimination des rides, stimule la circulation et induit une profonde impression de paix.

BAIN-MASSAGE AU SEL DE MER

Ce bain accélère la circulation et nettoie la peau en profondeur en la débarrassant des cellules mortes.
ATTENTION : à éviter si votre peau est éraflée, si vous faites de l'hypertension ou de l'hypotension ou si vous avez une maladie cardiaque.
1. Remplissez le bain d'eau chaude (sans qu'elle soit bouillante) et ajoutez une tasse ou deux de sel de mer.
2. Versez une poignée de sel de mer dans votre main et ajoutez un peu d'eau chaude pour obtenir une pâte.
3. En faisant de petits mouvements circulaires, massez votre corps avec cette pâte : commencez par le cou et les épaules et descendez lentement jusqu'aux pieds (n'appliquez pas sur le visage et ne frottez pas les mamelons).
4. Entrez dans le bain et relaxez-vous au moins 10 minutes.
5. Essuyez-vous et couchez-vous tôt.

Dimanche TENDRE ATTENTION

Ce matin, vous pourriez vous lancer dans la fabrication de vos propres cosmétiques (voir ci-contre). C'est très amusant et l'avantage des produits maison, c'est que vous savez exactement ce qu'ils contiennent. Toutefois, ils ne se conservent pas aussi longtemps que les produits du commerce. Vous devez donc les garder au réfrigérateur et les utiliser rapidement.

En après-midi, ayez de tendres attentions pour vos mains et vos pieds. Ce soir, vous en ferez autant pour votre visage, vos cheveux et votre corps.

MASSAGE DES PIEDS ET DES MAINS

Faites tremper vos pieds de 15 à 20 minutes dans une bassine d'eau tiède additionnée de 15 ml de sel de mer, de 3 gouttes d'huile d'amandes douces et de 2 à 6 gouttes d'huile de menthe poivrée ou de patchouli.

Pendant que vos pieds trempent, offrez à vos mains une petite gâterie. Faites-les tremper dans de l'eau tiède pendant environ 5 minutes puis massez-les avec un mélange fait de 10 ml d'huile de germe de blé, 5 ml de miel sauvage et 5 gouttes d'huile de lavande. Faites de petits mouvements circulaires. Très doucement, repoussez les cuticules et massez vos ongles avec le mélange.

DOUCES GÂTERIES

Ce soir, offrez des gâteries adoucissantes à votre visage, à vos cheveux et à votre corps.

1. Préparez un voluptueux traitement capillaire en mélangeant deux jaunes d'œuf, 15 ml d'huile d'amandes douces et une goutte d'huile essentielle de tangerine.

2. Mouillez vos cheveux et votre cuir chevelu et massez-les avec ce mélange. Recouvrez vos cheveux d'un sac de plastique et d'une serviette et conservez ce « turban » pendant ce qui suit.

3. Donnez un bain de vapeur à votre visage : ajoutez 2 gouttes d'huile de géranium à un bol d'eau frémissante. Recouvrez

votre tête et le bol d'une grande serviette. Tenez votre visage à 45 cm (18 po) de l'eau pendant environ 10 minutes – mais ne tolérez aucun inconfort. La vapeur ouvre et nettoie les pores de la peau. ATTENTION : ne faites pas ce traitement si vous avez des veines dilatées, êtes asthmatique ou souffrez d'une maladie cardiaque.

4. Préparez un masque à partir de cerises fraîches. Écrasez-les pour en faire une pâte détrempée que vous étendrez sur le cou et le visage.

5. Faites couler un bain très chaud. Ajoutez 4 gouttes d'huile de fenouil à une tasse de lait, mélangez et versez dans le bain. Restez dans le bain environ 20 minutes. Buvez une tasse de thé vert pendant ce temps.

6. Enlevez le masque aux cerises en tapotant votre visage. En dernier lieu, libérez vos cheveux de leur enveloppement et lavez-les. Couchez-vous tôt ce soir encore… et faites de beaux rêves !

RICHE CRÈME POUR LE CORPS

15 ml de cire d'abeille
20 ml chacune d'huile d'amandes et d'huile de pépins de raisin
5 ml d'huile de germe de blé
20 ml d'eau de rose ou d'eau minérale à laquelle vous ajoutez 5 gouttes de vinaigre de cidre
6 gouttes d'huile essentielle (cyprès, fenouil, genièvre, mandarine ou fleur d'oranger)

Faites fondre la cire d'abeille et versez-la dans un petit bol résistant à la chaleur. Ajoutez les huiles de pépins de raisin, d'amandes et de germe de blé. Placez le bol dans un contenant d'eau frémissante jusqu'à ce que les huiles soient mélangées et chaudes. Retirez le bol du contenant d'eau chaude et ajoutez l'eau lentement – mélangez parfaitement en brassant sans arrêt jusqu'à ce que la crème épaississe et refroidisse. Ajoutez l'huile essentielle choisie. Versez la crème dans un pot stérilisé. Réfrigérez et utilisez au cours du mois qui suit.

HYDRATANT LÉGER (pour la plupart des types de peau)

10 ml de cire d'abeille fondue
45 ml d'huile de germe de blé
20 ml d'eau bouillie, d'eau minérale ou d'eau de rose
6 gouttes d'huile de géranium (bergamote pour les peaux grasses)

Versez la cire d'abeille et l'huile dans un petit bol résistant à la chaleur et placez dans un contenant d'eau bouillante. Mélangez parfaitement et retirez le bol du contenant d'eau. Ajoutez l'eau lentement en brassant continuellement jusqu'à ce que la crème épaississe et refroidisse. Ajoutez l'huile essentielle. Versez dans un contenant stérilisé et réfrigérez.

WEEK-ENDS
POUR LE CORPS

Week-end énergisant

L'énergie est une denrée essentielle : si on la mettait sur le marché, les marchands seraient pris d'assaut ! Presque tout le monde se plaint d'en manquer, ce qui n'a rien d'étonnant puisque nous menons tous des vies trop occupées, trop stressantes, trop épuisantes. Si vous avez désespérément besoin d'un revitalisant, essayez ce week-end. Il vous aidera à refaire le plein d'énergie.

MATÉRIEL

- ***Aliments énergisants (voir page 41)***
- ***Tisane à la menthe poivrée***
- ***Huile essentielle de lavande***
- ***Grandes feuilles de papier, boîte de crayons de couleur ou peinture***

Vendredi soir REHAUSSER SON NIVEAU D'ÉNERGIE

Faites provision d'aliments énergisants en prévision de ce week-end. Ce soir, prenez un souper léger, comme un plat de pâtes de blé entier avec une sauce aux légumes, saupoudré d'un peu de parmesan. Faites des exercices de respiration énergisante, en particulier une séance de chromothérapie. Pour terminer, passez une bonne nuit après avoir pris un bain chaud (auquel vous aurez ajouté 2 ou 3 gouttes d'huile essentielle de lavande). Vous pouvez aussi demander à quelqu'un de vous faire un massage doux, comme un massage ayurvédique abhyanga (voir page 50).

RESPIRATION ÉNERGISANTE

Cette forme de respiration yogique appelée *Ujjayi*, ou souffle « victorieux », fait profiter le corps et l'esprit d'un afflux d'énergie équilibrée. Pratiquez la respiration *Ujjayi* plusieurs fois par jour, jusqu'à ce que vous puissiez la faire à volonté.

1. Inspirez profondément, tout en contractant les muscles qui entourent le haut de la trachée. Portez attention à votre gorge et vous entendrez un léger sifflement.

2. Expirez le plus lentement possible, en contractant les muscles autour de l'épiglotte. Votre souffle sera rauque, comme si vous imitiez Darth Vader dans *La Guerre des étoiles*.

3. Inspirez et expirez de cette façon six fois.

4. Maintenant, détendez-vous et prenez six respirations normales.

5. Si vous avez le temps, répétez ce cycle (six respirations *Ujjayi* et six respirations normales) quatre fois.

CHROMOTHÉRAPIE

Vous êtes toujours fatigué, en proie à toutes sortes de malaises ? Vous avez peut-être besoin d'une dose de thérapie rouge !

1. *Imaginez que le dessus de votre tête s'ouvre et qu'un rayon de vive lumière rouge se déverse en vous et remplit votre corps d'énergie curative.*

2. *En visualisant la couleur, répétez pendant environ deux minutes : « Je fais entrer dans mon corps et mon esprit toute l'énergie dont j'ai besoin. »*

3. *Imaginez maintenant que les pores de votre peau s'ouvrent, de façon à laisser filtrer la lumière. En s'échappant de votre corps, elle se transforme en une brume légère et translucide qui vous enveloppe doucement, formant autour de vous un cocon de sécurité et de guérison.*

4. *Vous sentirez peut-être vibrer l'énergie en vous durant cet exercice. Si vous trouvez qu'il augmente votre niveau d'énergie, faites-le chaque jour.*

RÉGIME ALIMENTAIRE ÉNERGISANT

Bien s'alimenter est le premier pas vers un regain d'énergie.

- *Coupez le sucre et les sucreries. Ils vous donnent peut-être l'illusion d'un apport instantané de vitalité, mais une consommation fréquente surstimule l'activité de l'insuline et vous vide de votre énergie.*
- *Coupez la caféine. Comme le sucre, elle épuise vos réserves d'énergie.*
- *Consommez de grandes quantités de glucides complexes, de légumes et de fruits (environ 70 % de votre apport calorique) ; consommez beaucoup moins de protéines maigres et de certaines matières grasses (provenant des poissons gras, de l'huile d'olive et des noix). Évitez les aliments transformés et raffinés, les aliments vides et les repas préparés (voir la recette de poisson énergétique de la page 152).*
- *Prenez suffisamment de vitamines et de minéraux, en particulier des vitamines B, du chrome et du magnésium. Prenez des multivitamines de qualité et des minéraux ainsi que des suppléments d'antioxydants et de la coenzyme Q10, qui est très énergisante.*

Samedi ÉNERGIE POUR LE MIEUX-ÊTRE

Commencez la journée par un bain-massage au sel de mer (voir page 35), mais cette fois-ci, remplacez l'eau chaude par de l'eau fraîche. Prenez un bon déjeuner. Essayez le muesli (ou du gruau d'avoine que vous aurez fait tremper dans du lait de soja toute la nuit). Ajoutez des fruits séchés et des noix. Buvez un verre de jus d'orange fraîchement pressé et mangez une tranche ou deux de pain de blé entier avec du miel.

Faites le salut au soleil (voir pages 148–149), une série de mouvements de yoga qui injectera dans votre corps (et votre esprit) une décharge d'énergie et de bien-être. Passez le reste de la matinée à nettoyer et ranger la maison (voir les suggestions de la page 76). Cette activité vous redonnera énormément d'énergie.

MUDRÂ ÉNERGISANT

Mangez des œufs brouillés sur une rôtie de pain de blé entier et des fruits pour le dîner, puis faites une promenade à pas vif, en respirant profondément. Essayez la respiration énergisante *Ujjayi* tout en marchant. Vous devrez peut-être ralentir un peu si vous n'y êtes pas habitué.

Au retour, buvez une tasse de tisane à la menthe poivrée – tonifiante pour l'esprit et le corps. Essayez ensuite l'*Apan-Mudrâ* – une posture de yoga qui se fait avec les mains ! On l'appelle également le *mudrâ* énergisant, car il est source d'équilibre, de calme et d'énergie focalisée :

1. Réunissez le pouce, le majeur et l'annulaire et étirez les autres doigts. Faites cela pour les deux mains.
2. Confortablement assis, déposez vos mains sur vos genoux dans cette posture. Restez assis tranquillement 10 minutes ou plus.
3. Faites cet exercice chaque fois que vous vous sentez fatigué et en manque d'énergie.

Si c'est possible, prenez rendez-vous pour un massage en après-midi. Idéalement, choisissez une approche corporelle dynamique : massage indien à la corde (*chavutti thirumal*), shiatsu, *Tui Na* ou massage thaïlandais. Agissant sur les systèmes énergétiques internes du corps, ces approches équilibrent et réénergisent tout l'être.

REPAS DU SOIR

Le soir, prenez un repas léger à teneur élevée en protéines, comme du thon grillé (ou une autre sorte de poisson – voir page 152) et une salade.

Dimanche STIMULANT ÉNERGÉTIQUE

Prenez le même genre de déjeuner que le samedi matin et ensuite essayez la technique du *Qi Gong*, système chinois d'exercices énergisants. Pour dîner, mangez une pomme de terre au four farcie de hoummos, de tomates fraîches et d'oignons hachés et un fruit frais. Faites ensuite une promenade à pas modéré (essayez encore une fois la respiration *Ujjayi* énergisante). Pour souper, cuisinez un poulet à la marocaine (voir page 152) et, après une période de repos, faites l'exercice de rotation.

POSTURE DE DÉPART DU *QI GONG*

Ces exercices ont l'air simple (et ils le sont), mais ils sont beaucoup plus puissants qu'ils ne paraissent. Utilisez-les chaque fois que vous avez besoin d'une dose d'énergie concentrée. La posture qui suit est la posture de départ du *Qi Gong*. Elle vous met en position correcte et vous fait prendre conscience de tout votre corps.

1. Debout, les pieds écartés à la largeur des épaules. Trouvez votre point d'équilibre naturel – votre poids ne doit être ni trop vers l'avant ni trop vers l'arrière, car de la tension et de la fatigue en résulteraient.

2. Sentez à quel point vos pieds sont détendus aux endroits de contact avec le sol – aux talons, petits et gros orteils et sur les côtés.

3. Gardez les genoux détendus. Ils doivent être exactement au-dessus de vos pieds.

4. Détendez le bas du dos, l'estomac et les fesses.

5. Laissez votre poitrine se creuser. Détendez et arrondissez légèrement les épaules.

6. Imaginez que vous avez sur le dessus de la tête une natte qui est attachée au plafond. Laissez votre tête flotter légèrement et librement. Détendez la langue, la bouche et les mâchoires.

7. Conservez cette position, et laissez pendre vos bras mollement le long du corps, pendant quelques minutes.

TENIR LE *DAN TIEN*

Cet exercice stimule le *Dan Tien*, réservoir de l'énergie vitale situé à quelques centimètres sous le nombril.

1. Placez-vous en posture de départ.

2. Les hommes placent la main gauche sur le *Dan Tien* et la main droite par-dessus. Les femmes placent la main droite sur le *Dan Tien* et la main gauche sur la droite. Détendez tout votre corps et orientez sans forcer vos pensées vers le *Dan Tien*.

3. Les jambes droites mais non bloquées, respirez dans le *Dan Tien*. Votre abdomen se gonflera sous vos mains.

4. Pliez lentement les genoux et expirez. Votre abdomen s'aplatira pendant l'expiration. Répétez cet exercice pendant au moins deux minutes – quand vous y serez habitué, vous pourrez le pratiquer pendant de plus longues périodes.

EXERCICE DE ROTATION

L'exercice de rotation est censé revigorer et énergiser l'ensemble de l'organisme. Tenez-vous simplement debout les bras étirés, à l'horizontale par rapport au plancher. Maintenant, tournez dans le sens des aiguilles d'une montre, de gauche à droite, jusqu'à ce que vous vous sentiez légèrement étourdi. Ne soyez pas surpris, si au début, vous n'arrivez pas à exécuter plus d'une demi-douzaine de rotations – avec le temps, vous serez capable d'en faire beaucoup plus.

Avant de commencer, fixez un point droit devant vous. Quand vous commencez à tournoyer, maintenez votre regard fixé sur ce point le plus longtemps possible et revenez-y dès que vous le pouvez.

Week-end ayurvédique

On dit avec raison que l'ayurvéda est la « mère de toutes les médecines ». Cet art indien de la guérison, reconnu pour ses extraordinaires vertus préventives, date d'au moins 5000 ans. Il nous enseigne à nous occuper de notre corps, de notre esprit et de notre âme et les rééquilibre. Ce week-end vous en donnera un avant-goût.

MATÉRIEL

- *Huile de sésame pressée à froid*
- *Chapatis de blé entier*
- *Thé épicé ou tisane (de nombreuses boutiques d'aliments naturels ont maintenant en stock des thés ayurvédiques)*
- *Musique et livres inspirants*
- *Gants « garshan » ou assez de soie brute pour en confectionner*

Vendredi soir DES SONS AUX VERTUS THÉRAPEUTIQUES

Soupez au plus tard à 18 h. Le feu digestif ou « agni » en médecine ayurvédique étant à son plus bas niveau en soirée, il vaut mieux prendre un repas léger et facile à digérer. Évitez les produits laitiers lourds, les protéines animales et les aliments froids et crus.

Couchez-vous au plus tard à 22 h, car la journée du lendemain commencera tôt !

CHANTS ET PSALMODIES

Avez-vous déjà songé à introduire le son dans votre vie ? Selon l'ayurvéda, le son est l'un des cinq éléments subtils et il possède de grandes vertus thérapeutiques.

✦ Les sons de la nature ont des propriétés apaisantes et équilibrantes et ils nous mettent en connexion avec l'Univers. Passez un moment à l'extérieur et écoutez le chant des oiseaux, le bourdonnement des insectes ou le bruissement des feuilles dans le vent.

✦ Faites vous-même des sons – chantez ou fredonnez, vocalisez, psalmodiez, chantonnez, gémissez, criez. Ces sons peuvent tous avoir un effet thérapeutique à différents moments. Jouez-vous d'un instrument ? Aimeriez-vous apprendre ? Quel instrument vous conviendrait le mieux ?

✦ Faites-vous conseiller de la musique indienne sacrée par un disquaire qui se spécialise en « musique du monde ».

✦ Certains adeptes occidentaux de l'ayurvéda disent que le chant grégorien est un bon substitut à la musique védique classique. Vous pourriez aussi vous intéresser au chant de gorge des Tibétains et des Mongols. Ces deux types de musique semblent avoir de grandes vertus thérapeutiques.

Samedi BONNE ROUTINE JOURNALIÈRE

Selon l'ayurvéda, une bonne routine journalière est essentielle. Celle qui suit semble stricte, mais respectez-la.

✦ Levez-vous tôt – au lever du soleil ou à 5 h (l'heure la plus hâtive des deux). Allez uriner en premier lieu. Si vous avez de la difficulté, buvez de l'eau ou de la tisane (mais pas de café).

✦ Brossez-vous les dents, nettoyez votre langue et gargarisez-vous avec de l'eau froide. Rincez-vous les yeux à l'eau fraîche. Coupez vos ongles.

✦ Faites de l'exercice : une longue promenade à pas vif, de la natation ou du yoga.

✦ Massez-vous avec de l'huile de sésame tiède en faisant bien pénétrer (ne vous préoccupez pas outre mesure de la technique). Prenez ensuite un bain dont l'eau est à la température du corps pour revitaliser votre organisme et stimuler l'énergie.

✦ Mettez des vêtements propres, amples et confortables. Méditez, priez ou pensez simplement à de belles choses.

✦ Maintenant, vous pouvez déjeuner. Mangez avant 9 h. Essayez les *dosas*, un déjeuner ayurvédique classique (voir à la page 153).

✦ Faites les exercices de respiration des pages 19, 26, 40 et 87. Bien respirer fait partie intégrante de l'ayurvéda.

LE REPAS LE PLUS CONSISTANT DE LA JOURNÉE

Dînez au moins trois heures après avoir déjeuné. Ce repas devrait être le plus consistant de la journée car la capacité de digestion de votre organisme est à son plus haut niveau. Préparez un dhal avec du riz basmati (voir aux pages 152-153), plus des chapatis de blé entier si vous avez très faim. Faites une promenade après avoir mangé puis reposez-vous en écoutant de la musique inspirante.

MASSAGE ABHYANGA

Une fois votre digestion terminée, au milieu de l'après-midi, demandez à quelqu'un de vous faire un massage abhyanga, le massage ayurvédique de base. Installez-vous à cette fin dans une pièce chaude et confortable.

1. Étendez-vous nu par terre sur une grande serviette chaude (ce massage est très salissant mais vous pourriez porter un vieux pantalon ou un pagne en toile). Si vous vous massez vous-même, il sera plus facile de vous asseoir, le dos droit.
2. Dans un bain-marie d'eau chaude, réchauffez à la température du corps de l'huile de sésame pressée à froid.
3. La pression du massage abhyanga est légère, rythmée et répétitive. Faites des mouvements circulaires sur les surfaces arrondies, comme les articulations, et des mouvements droits sur les surfaces planes, comme les bras, les jambes et le cou.
4. Massez doucement pour faire pénétrer l'huile dans le cuir chevelu et le cou.
5. Descendez et massez le dos, les hanches et les fesses. Massez vos jambes et accordez une attention particulière aux pieds (ils peuvent supporter une pression plus forte – n'oubliez pas de masser entre les orteils).
6. Revenez aux épaules et massez chaque bras en descendant ; allez jusqu'au bout de chaque doigt. Le moindre centimètre de peau doit être couvert d'huile. Prenez votre temps ; après tout, rien ne presse.
7. Retournez-vous. Massez les bras, les jambes, la poitrine et l'abdomen.
8. Terminez par le cou et le visage, en massant doucement. Tirez le lobe de l'oreille d'un coup sec et massez l'intérieur de l'oreille sans y enfoncer les doigts. Massez doucement l'intérieur de chaque narine.
9. Massez la région du troisième œil (au milieu et un peu au-dessus des sourcils) avec votre pouce, pendant 5 minutes.
10. Couvrez-vous afin d'être au chaud et détendez-vous pendant une trentaine de minutes.

FIN DU JOUR

Prenez un repas léger (soupe aux légumes ou salade chaude) avant 18 h. Soyez au lit à 22 h et essayez de dormir avant 23 h. Plus tard, vous pourriez avoir de la difficulté à trouver le sommeil. Laissez une fenêtre ouverte pour que l'air circule.

Dimanche TRAITEMENT ÉQUILIBRANT

Suivez la même méthode que la veille, mais au lieu d'un massage abhyanga, vous ferez l'essai de la technique dite « garshan ». Il s'agit d'une forme de traitement très stimulante qui active la circulation, la digestion, la désintoxication et le métabolisme.

MASSAGE GARSHAN

Contrairement au massage abhyanga, ce massage est vigoureux et exige beaucoup de pression ainsi que des mouvements assez rapides. Avec des gants garshan (voir ci-contre), massez avec des mouvements longs sur les gros os du corps et avec des mouvements circulaires sur les articulations. Au début, 10 mouvements au même endroit suffiront. Ensuite, vous pourrez augmenter graduellement jusqu'à 40 ou 50.

1. Commencez par masser la tête en faisant des mouvements circulaires, puis massez vigoureusement le cou vers le bas et le long des épaules.

2. Avec des mouvements circulaires, massez les articulations des épaules puis allongez les mouvements en descendant vers le haut des bras. Faites des mouvements circulaires autour des coudes et massez les avant-bras vers le bas. Massez les poignets en les encerclant et finissez par de longs passages sur les mains, jusqu'au bout des doigts.

3. Passez maintenant à la poitrine et massez-la en longs mouvements latéraux, d'un côté à l'autre, en évitant la région directement au-dessus des seins et du cœur.

4. Descendez vers l'abdomen et massez d'un côté à l'autre puis en diagonale. Massez vigoureusement les hanches et les fesses.

5. Passez aux jambes – faites de longs mouvements descendants sur les cuisses, des mouvements circulaires sur les genoux, des mouvements droits sur les mollets et des mouvements circulaires autour des chevilles. Finissez avec de longs mouvements descendants jusqu'au bout des orteils.

GANTS GARSHAN

Normalement, le massage garshan est effectué avec une paire de « gants » faits de soie brute, que l'on trouve dans la plupart des magasins de tissu. Vous pouvez en confectionner une paire en traçant approximativement le contour de votre main pour obtenir une forme. Cousez ensuite les deux morceaux ensemble et mettez un élastique autour du poignet.

DÎNER

Prenez votre dîner vers 13 h – essayez le poulet à la marocaine accompagné d'une *raita* au concombre et d'une salade. Intégrez un élément chaud comme des croûtons.

UN ŒIL AYURVÉDIQUE

Cet après-midi, scrutez votre foyer d'un œil ayurvédique. Il doit y avoir équilibre entre les éléments qui s'y trouvent.

✦ Terre : des articles en pierre et en terre cuite ; des galets et du sable ; des pots et des récipients d'argile ; de grosses pierres comme butoir de porte ; des cristaux.

✦ Eau : des bols d'eau avec des pétales flottant à la surface ou des galets au fond ; des éléments incluant de l'eau comme des fontaines ; des aquariums (avec des poissons en santé).

✦ Air : ouvrez vos fenêtres au moins une fois par jour ; faites brûler de l'encens et des huiles essentielles ; faites fonctionner un ventilateur.

✦ Feu : faites un feu dans la cheminée ou, si ce n'est pas possible, allumez des chandelles.

FIN DU WEEK-END

Prenez un souper léger à 18 h – soupe ou dhal et chapatis. Faites une promenade lente pour favoriser la digestion, puis lisez pendant un moment. Plus tard, faites le salut à la lune (pages 150–151). Ensuite, prenez du temps pour une méditation ou une prière. Soyez au lit au plus tard à 22 h.

Deuxième partie – Week-ends pour l'esprit et le cœur

Êtes-vous satisfait de ce que vous êtes ? content de la vie que vous menez – au travail, à la maison, pendant vos loisirs ? Vos relations affectives sont-elles chaleureuses et cordiales, affectueuses et excitantes, ou êtes-vous toujours à couteaux tirés avec ceux que vous aimez ? Au travail, avez-vous le sentiment de vous réaliser ou, au contraire, de vous agiter sans but, comme un hamster dans sa roue ? Votre foyer est-il un havre de paix, un sanctuaire pour l'âme, un lieu qui inspire confiance et sécurité, ou rien de plus que l'endroit où vous suspendez votre manteau, mangez et dormez ?

Cette partie du livre aborde ces questions difficiles et vous propose des moyens pour mener une vie plus heureuse, plus harmonieuse. De toute évidence, vous ne pouvez modifier de fond en comble votre état d'esprit et vos sentiments en un seul week-end – pour cela, il faut du temps et de la détermination. Cependant, vous pouvez sûrement enclencher le processus.

Rares sont ceux qui tiennent compte du subconscient, cette puissante génératrice d'énergie et de créativité occultée par l'esprit conscient. Le week-end d'exploration du subconscient peut vous ouvrir de nouvelles avenues et se révéler un catalyseur de changements profonds et durables.

Le week-end pour rompre la routine est idéal si vous vous enlisez dans une vie monotone – c'est un week-end très amusant et, si simples soient-ils, les changements qu'il suggère peuvent avoir des résultats stupéfiants. Le week-end de réaménagement s'intéresse en profondeur à tous les aspects de votre vie – foyer, travail, relations – et propose des façons de leur apporter des changements.

Quant au week-end relationnel, il convient à tous ceux et celles qui vivent en couple – qu'ils en soient aux premiers émois amoureux ou s'apprêtent à célébrer leurs noces d'or. Il est une occasion de mieux se comprendre, de développer une plus grande intimité... et de laisser éclater sa joie.

Week-end d'exploration du subconscient

Savez-vous vraiment qui vous êtes ? Vous avez peut-être l'impression de le savoir et, pourtant, vous n'utilisez qu'une infime portion de votre esprit dans votre quotidien. Le subconscient – immense dépôt d'informations vitales – échappe à votre conscience. Puisez dans ce réservoir et débarrassez-vous de vos vieilles peurs, ouvrez les vannes de la créativité et de la confiance.

ATTENTION : *certains exercices de ce week-end peuvent avoir une incidence profonde sur la psyché. En cas de malaise ou de frayeur, consultez un psychothérapeute professionnel.*

MATÉRIEL

- *Huile essentielle : cèdre (ou immortelle)*
- *Essences florales d'armoise et de mimule (Mimulus cardinalis) – de la gamme FES Quintessentials*
- *Papier, crayons de couleur et peinture*
- *Journal personnel et crayons*
- *Chandelles (pourpres ou bleues)*

Vendredi soir RETOUR DANS LE PASSÉ

Mangez légèrement, puis faites les mouvements et les exercices artistiques du week-end de conscience du corps (page 21). Écrivez toutes les pensées ou les images qui vous viennent à l'esprit. Faites ensuite la visualisation guidée qui suit.

Plus tard, prenez un long bain relaxant (ajoutez à l'eau 4 gouttes d'huile de cèdre ou d'immortelle, si vous le pouvez, mélangée à un peu de lait). Résistez à la tentation de lire avant de vous coucher ou une fois au lit. Méditez tranquillement de 10 à 20 minutes (en regardant la flamme d'une chandelle). Réfléchissez à toute image ou pensée qui vous est venue à l'esprit pendant les exercices ou le bain.

Une goutte d'huile essentielle d'armoise sur votre langue avant de dormir vous aidera à vous souvenir de vos rêves. Laissez votre journal personnel et un crayon près du lit pour prendre note de vos rêves.

VISUALISATION GUIDÉE

En vous ramenant dans le passé, cet exercice peut faire émerger à la conscience des souvenirs refoulés ou oubliés. Faites-le avec une ou un ami si vous le pouvez et enregistrez vos commentaires si vous le désirez. Si vous êtes seul, enregistrez les directives qui suivent et laissez de longues pauses entre chaque étape afin d'avoir le temps de vous détendre complètement et de composer avec votre expérience. ATTENTION : si vous savez (ou soupçonnez) que vous avez été victime d'abus, je vous conseille de ne pas faire cet exercice seul. Il vaudrait mieux consulter un psychothérapeute qualifié ou un hypnothérapeute.

1. Assoyez-vous ou étendez-vous à un endroit où vous serez à l'aise et au chaud. Fermez les yeux sans effort. Votre corps doit être détendu.

2. Pendant quelques minutes, prenez conscience de votre respiration – elle devient plus lente et plus profonde au fur et à mesure que vous vous détendez.

3. Dites-vous qu'il n'y a aucun danger à vous laisser aller de plus en plus profondément, à être de plus en plus détendu. Votre corps est lourd et détendu.
4. Toutes vos préoccupations sont comme des rides à la surface d'un lac : vous les regardez disparaître lentement et le lac devient limpide et parfaitement calme.
5. Toutes vos autres pensées sont comme des nuages dans le ciel. Le vent les emporte, laissant le ciel totalement bleu.
6. Imaginez que vous êtes en haut d'un escalier de 10 marches. Vous commencez à le descendre lentement. Chaque fois que vous placez le pied sur une nouvelle marche, vous êtes de plus en plus détendu. Comptez de 1 à 10, en étant conscient que chaque marche vous fait reculer dans le temps.
7. En arrivant à la dixième marche, vous êtes totalement détendu, totalement calme. Devant vous se trouve une porte. Quand vous ouvrirez cette porte, vous serez à une époque de votre vie passée qui a de l'importance pour vous.
8. Ouvrez la porte et entrez.
9. Regardez vos pieds. Sont-ils plus petits ? De quelle manière sont-ils chaussés ?
10. Regardez vos mains et toutes les parties de votre corps que vous pouvez voir.
11. Maintenant, commencez à regarder lentement autour de vous. Où êtes-vous ? Qui est avec vous ? Que se passe-t-il ?
12. Abandonnez-vous entièrement à ce qui arrive.
13. Quand vous êtes prêt, retournez vers la porte et repassez-la. Remontez lentement les marches, en comptant de 10 à 1. Chaque fois que votre pied se pose sur une marche, vous devenez plus lucide, plus conscient de votre corps couché sur le sol ou assis sur une chaise.
14. Quand vous arrivez en haut, vous êtes totalement éveillé et conscient. Ouvrez lentement les yeux, levez-vous doucement et tapez des pieds. Buvez un verre d'eau et mangez quelque chose.
15. Écrivez vos expériences dans votre journal personnel.

Samedi DANS LA LUMIÈRE DU JOUR

À votre réveil, restez étendu immobile et essayez de vous souvenir de vos rêves. Écrivez-les ou enregistrez-les dès qu'ils vous reviennent à l'esprit.

Des séances d'approches corporelles, d'art thérapie et d'associations libres vous permettront aujourd'hui d'exposer au grand jour une partie de ce que vous avez découvert.

Ce matin, offrez-vous une séance d'approches corporelles. Nos émotions ne sont pas confinées à notre esprit ; elles s'inscrivent également dans nos muscles, dans nos tendons et même dans nos os. Un bon praticien en approches corporelles peut aider une personne à s'affranchir de souvenirs tenaces et lui faire découvrir l'origine d'anciens schèmes de comportement. Les méthodes les plus efficaces incluent les suivantes : thérapie SHEN®, massage biodynamique, intégration structurale, Hellerwork, massage myofascial et watsu (une combinaison de shiatsu et d'aquathérapie) – mais toute approche corporelle sera utile.

Par la suite, écrivez les pensées, les images et les émotions qui ont fait surface.

ART THÉRAPIE

Sortez vos pots de peinture – vous allez vous initier à l'art thérapie. Il vous faut un endroit où vous pouvez peindre sans contrainte, où vous pouvez fixer au mur de grandes feuilles de papier (des journaux feront l'affaire) et tout salir. La cuisine convient bien en général, car c'est un endroit facile à nettoyer. Ce peut être la salle de bain si elle est assez grande, le garage ou la serre. Portez de vieux vêtements – rien ne doit entraver votre expression.

Suivez les directives de la page 94. Quand vous estimez avoir terminé, prenez du recul et regardez vos peintures. Que vous disent-elles ? Quelles images y voyez-vous ? Laissez libre cours à votre imagination. Si votre peinture pouvait parler, que dirait-elle ? Écrivez vos pensées dans votre journal.

ASSOCIATIONS LIBRES

Ce soir, prévoyez du temps pour des exercices de respiration et de yoga (référez-vous aux suggestions des week-ends de la première partie). Ces pratiques vous aideront à composer avec ce qui émerge de votre subconscient.

Si vous sentez que la peinture vous fait bien progresser, vous pourriez en faire ce soir encore, à la lumière des chandelles ou en écoutant de la musique.

Pour faire changement, essayez les associations libres. Allumez une chandelle bleue ou pourpre et assoyez-vous avec votre journal personnel (ou un bloc de papier) et un crayon. Écrivez ce qui vous vient à l'esprit – aussi fou ou dénué de sens que ce soit. Ne vous censurez en aucune façon. Vous pourriez écrire la même chose page après page. L'important, c'est de faire confiance à ce procédé. Si vous avez de la difficulté à commencer, essayez l'une des phrases suivantes :

- ✦ « Je veux... »
- ✦ « Je déteste... »
- ✦ « Si je suis vraiment honnête... »
- ✦ « J'aimerais pouvoir... »

Si des émotions difficiles à supporter émergent, faites une pause et prenez quelques profondes respirations.

Ensuite, prenez un bain comme celui que vous avez pris vendredi (voir page 58).

Dimanche **AFFRONTEZ VOTRE OMBRE.**

À quoi avez-vous rêvé la nuit dernière ? Les activités auxquelles vous vous êtes livré durant ce week-end devraient avoir suscité des rêves intéressants. Notez-les.

Puis, faites de l'exercice – une longue promenade, de la natation ou une séance au gymnase (ou yoga, Pilates ou étirements). Quoi que vous choisissiez, bougez. Vous pourriez aussi mettre des vêtements amples et danser à la maison.

✦ Donnez-vous le temps de prendre contact avec votre respiration.

✦ Que veut faire votre corps ? Laissez-le bouger comme bon lui semble. Veut-il courir partout dans la pièce à pas lourds, comme un enfant de cinq ans, ou tourbillonner comme un oiseau ?

✦ Aimeriez-vous avoir de la musique ? Peut-être pas. Mais si tel est le cas, quel genre de musique votre corps veut-il ? Écoutez ce qu'il vous demande.

OMBRES CHINOISES

Vous allez entrer en contact avec votre ombre. En psychologie jungienne, l'ombre est la partie de nous où se concentrent les comportements, les pensées et les émotions que nous cherchons à cacher à notre conscient. Si vous avez déjà rêvé d'un personnage effrayant du même sexe que vous (meurtrier, professeur autoritaire, prostituée, tyran) ou d'un être méprisable et horrible (mauviette, enfant geignard, vagabond crotté), vous avez rencontré votre ombre. Tout ce que notre esprit refuse est relégué aux oubliettes et devient notre ombre. Ignorée, l'ombre peut se corrompre et devenir envahissante. Il lui arrive parfois de rompre les digues et de se manifester violemment : cuites mémorables, accès de colère aveugle et histoires d'alcôve avec de parfaits inconnus qui ne nous plaisent même pas !

La solution idéale n'est pas de rejeter l'ombre, mais de l'intégrer à notre vie consciente. L'ombre recèle d'énormes réserves d'énergie que nous pouvons utiliser… d'une manière constructive.

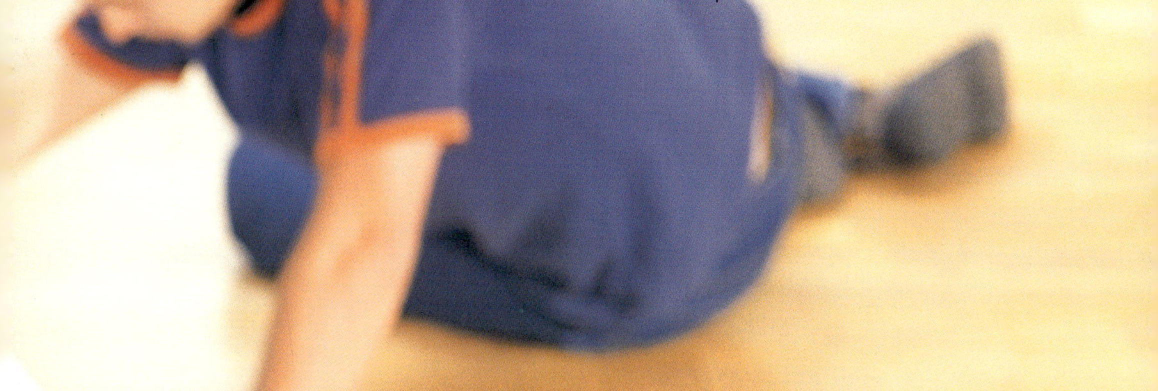

APPRIVOISER L'OMBRE

Prenez d'abord une goutte ou deux d'essence florale de mimule pour faciliter le contact avec votre ombre.

1. Faites la liste de toutes les personnes qui vous portent sur les nerfs : personnes que vous connaissez bien, célébrités ou même vedettes de feuilletons télévisés.

2. Pourquoi ne les aimez-vous pas ? Quelles particularités font qu'elles vous irritent à ce point ?

3. Y a-t-il des groupes de gens qui vous font peur ou qui vous sont antipathiques ? Soyez honnête. Les manifestations de racisme exacerbé, par exemple, sont le signe d'une intense activité de notre ombre.

4. Pensez maintenant aux particularités que vous avez mentionnées. Sont-elles présentes en vous ? Les avez-vous rejetées au pays de l'ombre ? Si vous n'êtes pas encore prêt à passer à l'étape de vous réapproprier votre ombre, ne vous inquiétez pas : vous avez fait du travail de base utile.

5. Essayez de peindre votre ombre. Même si l'expérience vous effraie, souvenez-vous qu'une peinture est un réceptacle où vous pouvez vous délester de vos peurs en toute sécurité. Si vous vous sentez encore menacé, peignez un grand cadre autour de la peinture pour contenir votre ombre.

6. Utilisez la technique de « l'autre chaise » (voir page 86). Assoyez votre ombre sur une chaise et prenez place sur l'autre.

7. Si vous écriviez à votre ombre, que lui diriez-vous ?

8. Essayez de trouver des ombres dans vos rêves. Travaillez de cette façon avec toutes les formes que vous voyez : peignez-les, parlez-leur, écrivez-leur, communiquez avec elles.

Week-end relationnel

Si nos relations étaient des plantes, elles seraient probablement mortes depuis des lustres ! Nous négligeons sans vergogne les êtres qui nous sont les plus proches et les plus chers. Ce week-end vous aidera à cultiver et à nourrir vos relations, quelles qu'elles soient. Si votre relation est nouvelle, il vous permettra de mieux vous connaître ; si vous êtes ensemble depuis longtemps, il vous aidera à raviver la flamme du début.

MATÉRIEL

- *Aliments préférés*
- *Huiles essentielles : géranium et l'une des deux huiles suivantes, au choix : ilang-ilang ou bois de santal*
- *Huile d'amandes douces*
- *Chandelles : une rouge, une rose, une jaune*
- *Papier et crayons*

Vendredi soir INTIMITÉ ET CONFIANCE

Apportez à la maison un repas cuisiné et peut-être une bouteille de vin à partager, mais ne vous enivrez pas ! Pendant le repas, parlez de votre première rencontre. Quelles ont été vos premières impressions ? Qu'avez-vous dit et fait ? Votre relation a commencé par un coup de foudre ou elle s'est développée lentement ? Rappelez-vous vos premiers rendez-vous, votre premier baiser, votre première nuit ensemble.

Lorsque vous avez fini de manger, assoyez-vous confortablement et faites l'exercice suivant :

1. Pendant une demi-heure chacun, parlez de ce que vous vivez et de ce que vous espérez de la vie – comme si vous vous expliquiez à un étranger. Pendant qu'un des deux parle, l'autre écoute en silence et avec la plus grande attention.
2. Après une demi-heure, inversez les rôles.
3. Lorsque l'heure est passée, terminez la conversation et n'essayez pas d'analyser ce que vous avez dit.

YOGA POUR L'INTIMITÉ

Le yoga est un merveilleux moyen de faire naître l'intimité, la confiance et la compréhension – le mot « yoga » signifie d'ailleurs « union ». Nul doute qu'en faire avec votre partenaire favorisera le contact. Les postures qui suivent sont conçues pour être exécutées à deux.

Prévoyez beaucoup de temps pour cet exercice. Soyez à l'affût de tout ce que vous ressentez sur les plans physique, mental et émotif. Prenez du temps après l'exercice pour échanger sur ce que vous avez éprouvé tous les deux.

RESPIRER ENSEMBLE

1. Assoyez-vous dos à dos sur le sol, les jambes croisées. Poussez vos fesses de façon à vous rapprocher le plus possible de votre partenaire et à vous soutenir l'un l'autre. Appuyez-vous sur votre partenaire.
2. Prenez conscience de son dos. À quel endroit vos corps sont-ils en contact ? Sentez la respiration de votre partenaire dans votre dos.

LA TORSADE

1. Assoyez-vous par terre face à face, les jambes croisées. Gardez le dos droit mais détendu. Approchez vos genoux le plus près possible de ceux de votre partenaire.

2. Regardez-vous dans les yeux et prenez trois profondes respirations en même temps.

3. Maintenant, chacun place le dos de sa main gauche contre le bas de son dos, quelques centimètres au-dessus du coccyx.

4. Ensuite, chacun se tourne vers la gauche et, avec sa main droite, va saisir la main gauche qui se trouve derrière le dos de son vis-à-vis. Tournez la tête pour regarder par-dessus votre épaule gauche. Les deux partenaires regardent alors dans une direction opposée.

5. Maintenez cet étirement (pour l'intensifier, penchez-vous en arrière en vous éloignant un peu l'un de l'autre).

6. Prenez une profonde inspiration et tournez-vous encore un peu en expirant. Dans cette position, prenez cinq profondes respirations.

7. Ouvrez les mains et ramenez-les sur vos genoux. Replacez-vous face à face.

8. Répétez les étapes 3 à 6 de l'autre côté.

LA BASCULE

1. Assoyez-vous par terre l'un en face de l'autre. Étirez vos jambes, sans inconfort, et mettez vos orteils en contact.

2. Penchez-vous vers l'avant et saisissez votre partenaire par les coudes (ou les poignets ou les mains).

3. Regardez-vous tendrement dans les yeux et commencez à vous balancer doucement vers l'avant et l'arrière (comme si vous ramiez).

4. Essayez de synchroniser vos respirations et de trouver un rythme qui vous convient à tous les deux.

5. Faites 10 étirements et revenez à la position centrale. Fermez doucement les yeux et tenez-vous les mains. Restez assis tranquilles pendant quelques minutes.

Samedi FRANCHISE ET HONNÊTETÉ

Commencez la journée par un moment de tendresse. Restez au lit dans les bras l'un de l'autre quelques minutes… ou aussi longtemps que vous le voulez ! Pendant le petit déjeuner (que vous pouvez prendre au lit ou à l'extérieur de la maison), chacun dresse la liste de 10 choses qu'il aimerait faire en couple (ne regardez pas vos listes respectives tant que vous n'avez pas terminé tous les deux).

À tour de rôle, chacun choisit une activité sur la liste de l'autre – et vous la faites ensemble ! Si vous n'aimez vraiment pas l'activité choisie par votre partenaire, faites preuve d'ouverture et d'enthousiasme. Reconnaissez que c'est quelque chose que votre partenaire veut faire et allez-y.

VIE SEXUELLE

Ce soir, cuisinez ensemble un repas léger. Ce faisant, imaginez que vous mettez dans la poêle l'amour, l'intimité et le plaisir que vous souhaitez vivre dans votre relation.
Le sexe est un élément important des relations interperson-

BONNE COMMUNICATION

Évitez les malentendus en respectant les règles de base suivantes :

✦ *Assurez-vous d'être calmes tous les deux lorsque vous parlez.*
✦ *Parlez en exprimant des sentiments et des pensées. Dites « Je me sens (vexé, blessé, fâché, inquiet, etc.) à propos de (action ou énoncé précis de votre partenaire) » et non « Tu es un salaud méprisable, égoïste » ou autre chose du genre.*
✦ *Parlez de choses précises, jamais en général.*
✦ *Dites ce que vous avez réellement à dire au lieu de parler en langage codé. Par exemple, au lieu de dire : « Ton ami Bob boit trop », dites la vérité, que vous êtes vexée parce que votre partenaire passe plus de temps avec Bob qu'avec vous.*
✦ *Suggérez des solutions précises et réalisables lorsque c'est possible. Dites par exemple : « Que dirais-tu de voir Bob et tes collègues de travail le vendredi et de sortir avec moi le jeudi ? »*

nelles, mais c'est un aspect qui est souvent laissé au hasard. Peu de couples discutent réellement de ce qui marche et ne marche pas dans leur vie sexuelle. Les sexologues estiment que des communications honnêtes peuvent transformer la vie sexuelle d'un couple. Posez-vous l'un à l'autre les questions suivantes :

- ✦ Est-ce que je te fais ce que tu aimerais que je te fasse ?
- ✦ Qu'est-ce que nous aimerions si seulement nous essayions ?

Assoyez-vous et parlez-en calmement. À quelle fréquence aimeriez-vous faire l'amour ? Qu'est-ce qui ferait que ce soit meilleur pour vous ? Quels sont vos fantasmes ?

TENDRE MASSAGE

Massez-vous mutuellement et tendrement ce soir.

1. Réchauffez la pièce et étendez des serviettes sur le plancher.
2. Allumez trois chandelles – une rose pour l'amour, une jaune pour l'amitié et une rouge pour la passion. Faites chauffer quelques gouttes d'huile essentielle de bois de santal ou d'ilang-ilang dans un diffuseur.
3. Mélangez 6 gouttes d'une des huiles mentionnées à 20 ml d'huile d'amandes douces.
4. Commencez par masser le dos de votre partenaire. Faites des mouvements circulaires en remontant de chaque côté de la colonne vertébrale, puis descendez rapidement vers les flancs. Demandez-lui si la pression exercée convient.
5. Pressez les muscles tendus autour du cou et des épaules.
6. Pétrissez les secteurs charnus comme les hanches et les cuisses.
7. Essayez d'autres techniques : serrez les poings et, les doigts contre la peau de votre partenaire, pétrissez doucement ; les mains en coupe, martelez sa peau à coups rapides.
8. Faites de petits mouvements circulaires sur les épaules, la plante des pieds, la paume des mains et la poitrine. Utilisez de longs mouvements rectilignes le long des bras et les jambes.
9. Soyez inventif – et rappelez-vous que vous ne pouvez vous tromper si votre partenaire aime ce que vous faites !

Dimanche RENFORCER LE LIEN

Prenez une douche vivifiante ensemble. Quelques gouttes d'huile de géranium vous aideront à vous sentir plus gais et plus optimistes. Puis choisissez une autre activité sur vos listes des choses que vous aimeriez faire.

APRÈS-MIDI DE RÉCRÉATION

Les chercheurs ont découvert que la capacité de jouer et de s'amuser aide les couples à mieux communiquer, renforce les liens qui les unit et prévient les conflits. Les relations se détériorent rapidement chez les couples mariés qui perdent cette faculté. Cet après-midi, vous allez vous amuser ensemble :

✦ Racontez-vous des souvenirs d'enfance. Sortez vos vieux albums de photos et évoquez le passé.

✦ Découvrez ce qu'était le jouet ou le jeu favori de votre partenaire lorsqu'il était enfant et achetez-le-lui en cadeau.

✦ Visionnez un film, un dessin animé ou une ancienne émission de télé que vous aimiez. Faites provision d'esquimaux au chocolat et de pop-corn, et régalez-vous !

✦ Jouez l'une des scènes de votre film préféré – laissez libre cours à votre imagination.

RETOUR AU VENDREDI SOIR

Si c'est toujours le même qui cuisine, c'est à l'autre de prendre la relève. Essayez de préparer un repas qui plaira à coup sûr à votre partenaire (voir page 152). Si vous ne cuisinez jamais, ne soyez pas trop ambitieux, mais faites tout de même un effort. Évitez de faire venir un repas du restaurant ou de réchauffer un plat cuisiné au micro-ondes !

Après le souper, assoyez-vous ensemble – vous pourriez faire chauffer de l'huile de géranium et allumer encore une fois des chandelles. Discutez de la conversation que vous avez eue le vendredi. Parlez à tour de rôle et soyez honnêtes.

Si vous avez de la difficulté à commencer, posez-vous les questions suivantes :

1. Lorsqu'il y a des décisions à prendre ou des problèmes à régler, avez-vous toujours l'impression que vous êtes dans des camps opposés ?

2. L'argent est-il un sujet de discorde ?

3. Avez-vous tendance à faire diversion lorsqu'un sujet difficile (sexe, engagement, argent, parents, enfants) est abordé ?

4. Vous sentez-vous capable de révéler à votre partenaire des choses humiliantes ou vraiment embarrassantes à votre sujet ?

5. Lorsque vous décidez de vous offrir une vraie journée de congé, avez-vous tendance à vous tourner vers des amis plutôt que vers votre partenaire ?

6. Qu'est-ce qui marche dans votre relation ? Qu'est-ce qui ne marche pas ?

7. Votre partenaire dit-il ou fait-il parfois des choses qui vous irritent ou vous mettent mal à l'aise ?

8. L'un d'entre vous a-t-il des idées ou nourrit-il des aspirations susceptibles de mettre en péril l'avenir de votre relation ?

9. Qu'avez-vous appris au sujet de votre partenaire durant ce week-end ?

10. Pouvez-vous imaginer que vous vivrez heureux ensemble dans 10 ans ?

Vous pouvez répondre tour à tour ou utiliser les réponses comme base d'une franche discussion.

JOUER ENCORE ET TOUJOURS

Ce soir, au lit, jouez à des jeux et racontez-vous des histoires… inventez à tour de rôle des histoires de revenants (éteignez les lumières), faites des ombres chinoises avec vos mains et une lampe de poche, tracez des formes avec votre doigt sur le dos de votre partenaire et demandez-lui de deviner ce que vous avez dessiné.

Week-end de réaménagement

Aimez-vous la vie que vous menez ? Êtes-vous satisfait de votre foyer, de votre travail, de vos relations ? Sentez-vous, au contraire, que vous devez faire le grand ménage, réaménager votre vie ou certains de ses aspects ? Si vous avez l'impression que, pour fonctionner à votre meilleur, vous devez apporter quelques petites modifications à votre vie, essayez ce week-end qui devrait dépoussiérer votre existence et lui redonner du lustre.

MATÉRIEL
- *Chandelle (rouge, jaune ou verte)*
- *Diffuseur et huiles essentielles (genièvre ou citron)*
- *Papier et crayons de couleur*
- *Sacs à déchets ou boîtes*

Vendredi soir REGARD SUR VOTRE VIE

Allumez une chandelle (jaune pour l'optimisme, rouge pour le dynamisme ou verte pour l'équilibre et les nouveaux départs). Faites chauffer un peu d'huile de genièvre ou de citron pour vous inspirer et vous remonter le moral. Ayez à portée de main une grande bouteille d'eau ou un verre de vin ! Écrivez les titres suivants et répondez aux questions en faisant une liste pour chacune, sur des feuilles distinctes :

✦ Travail : que faites-vous (soyez précis) ? Qui voyez-vous (de façon quotidienne ou à l'occasion) ? Où allez-vous pour votre travail (vous restez toujours au même endroit ou vous devez vous déplacer) ?

✦ Maison : où vivez-vous ? Que faites-vous à la maison (quelles activités) ? Combien de temps y passez-vous ? Qui voyez-vous (personnes qui vivent avec vous ou visiteurs) ?

✦ Famille : qui compose votre famille (qui vit avec vous et qui a quitté le foyer familial) ? Que faites-vous ensemble ?

✦ Amis : qui sont-ils ? Que faites-vous avec eux ?

✦ Passe-temps : quels sont vos passe-temps ? Quand, où et avec qui les pratiquez-vous ?

✦ Spiritualité : quelles sont vos croyances ? Fréquentez-vous un lieu de culte ? Priez-vous ou méditez-vous ?

Soulignez en vert les secteurs de vos listes qui vont vraiment bien ; tous les secteurs qui sont supportables en orangé et ceux où ça va vraiment très mal en rouge. Soyez très honnête – personne d'autre que vous n'a besoin de voir ces listes. Les résultats pourraient vous surprendre. Souvent, ce n'est pas l'ensemble de la situation (p. ex. le travail) que nous détestons, mais seulement certains de ses aspects.

Placez vos listes sous votre oreiller pour la nuit. Laissez votre inconscient vous proposer de bonnes solutions pendant que vous dormez. Ayez un bloc-notes et un crayon près de votre lit – l'inspiration peut venir par des rêves et vous aurez besoin de les écrire avant de les oublier.

POSEZ-VOUS LA QUESTION DU MIRACLE.
Si vous n'avez pas suffisamment de temps ce soir pour cette thérapie axée sur les solutions, essayez-la à un autre moment du week-end. Assoyez-vous et posez-vous ces questions :
1. Si, quand vous vous réveillez, vos problèmes avaient disparu, comment sauriez-vous qu'un miracle s'est produit ? Si votre réaction est de dire « Je ne me sentirais plus déprimé » ou « Je découvrirais que j'ai gagné à la loterie », essayez d'aller plus loin et de voir comment vous vous sentiriez.
2. Dans quelle mesure votre comportement changerait-il (soyez précis) ?
3. Dans quelle mesure le comportement de votre famille ou de vos amis changerait-il ?
4. Comment sauraient-ils qu'un miracle s'est produit ? Comment verraient-ils les différences en vous ?
5. Quels aspects du miracle sont déjà en train de se produire ?
6. Comment avez-vous fait pour qu'ils se concrétisent ? Pouvez-vous faire en sorte qu'un plus grand nombre d'entre eux se réalisent ?
7. Quelles sont les choses de votre vie actuelle que vous aimeriez voir se continuer ?
8. Sur une échelle de 0 à 10 (où 0 est le pire que votre vie a été et 10 le jour après le miracle), où en êtes-vous maintenant ?
9. Si vous avez choisi, disons, 4, comment pourriez-vous atteindre 5 ? Que feriez-vous différemment ?
10. Comment votre famille et vos amis sauraient-ils que vous avez gravi un échelon ?
Ces questions semblent simples mais elles mettent l'accent sur vos idées et votre comportement – que vous avez le pouvoir de modifier. Par exemple, si vous avez dit que vous ne seriez plus déprimé, vous pourriez être plus détendu, plus heureux, plus paisible. Comment votre famille le saurait-elle ? Vous pourriez jouer davantage avec les enfants, appeler vos parents pour bavarder, vous lever plus tôt. Ce sont des choses que vous pouvez changer si vous le décidez.

Samedi LE GRAND DÉBARRAS

Notez les pensées que vous avez eues pendant la nuit (si vous n'en avez pas eu, ne vous en faites pas !). Ce matin, vous allez commencer à désencombrer la maison et à y mettre de l'ordre ! Vous n'aurez probablement pas assez du week-end, mais réservez-vous une heure par semaine pour terminer.

Prenez d'abord un déjeuner rapide et léger (un lait frappé aux fruits, par exemple, ou une salade de fruits et du muesli). Enfilez de vieux vêtements. Mettez de la musique et faites chauffer de l'huile de genévrier ou de citron dans un diffuseur pour vous mettre en train. Soyez sans pitié.

✦ Jetez les denrées, les cosmétiques et les médicaments périmés, qui sont mauvais pour vous.

✦ Élaguez vos collections de livre et de musique – vous pourrez toujours les retrouver si vous en avez vraiment besoin.

✦ Mettez les journaux et les magazines au recyclage – découpez les articles que vous voulez garder et classez-les dans une chemise ou insérez-les dans un livre.

✦ Donnez à une œuvre de charité les vieux vêtements ou les bibelots et babioles dont vous ne voulez plus. Dans le cas d'un objet de famille, offrez-le aux autres membres de votre famille et, s'ils n'en veulent pas, vendez-le !

CHOISIR LE BON EXERCICE

Prenez un bon dîner santé. Cet après-midi, faites de l'exercice. Mais ne perdez pas votre temps à un exercice qui ne vous convient pas. Aimez-vous le type d'entraînement que vous avez choisi ? Sinon, qu'aimeriez-vous faire ?

Pensez au résultat. À quoi vous servira de courir pendant des heures si vous voulez simplement raffermir vos bras ? Pour perdre du poids, choisissez un sport intense, comme la course, l'escalier d'exercice, la gymnastique aérobique ou le cyclisme de grande vitesse parallèlement à des exercices de renforcement musculaire. Pour éliminer les tensions, choisissez le yoga, le taï chi ou la boxe. Si vous voulez simplement améliorer votre condition physique générale, optez pour la danse aérobique douce, la natation ou la marche.

FAITES DES CHANGEMENTS QUI VOUS RESSOURCENT. Préparez-vous un souper réconfortant composé d'une bonne soupe accompagnée de pain de blé entier et d'une salade de fruits bourrée de vitamines. Ensuite, ressortez vos crayons et trouvez un coin où vous serez à l'aise.

Revoyez votre liste de la veille. Comment pourriez-vous apporter des changements qui soient bons pour vous ? Par exemple, aimez-vous vraiment ce que vous faites dans vos moments libres ? Étudiez-vous une langue étrangère par passion ou pour épater la galerie ? Cuisinez-vous des petits plats alors que vous voudriez regarder une vidéocassette en mangeant un repas préparé ? Ne faites que ce qui vous plaît vraiment ou dont vous avez vraiment besoin.

Fréquentez-vous encore des gens qui vous ennuient à mourir ou êtes-vous frustré de manquer de temps pour voir les personnes qui vous tiennent à cœur ? Avec fermeté (mais sans malveillance), élaguez votre carnet d'adresses.

Si le temps presse, prenez les devants. Décidez qui fréquenter, planifiez vos activités, puis fixez-en la date et l'heure. Dans votre agenda, réservez du temps pour les amis, les activités physiques et les loisirs, et considérez ces projets comme des rendez-vous que vous n'annulerez qu'en cas d'absolue nécessité.

Vous verrez sans doute que bien des problèmes se résolvent d'eux-mêmes, mais si certains persistent, remettez votre liste sous votre oreiller et demandez à votre subconscient de vous guider.

Dimanche MAXIMISER L'ÉNERGIE

Ce matin, vous allez réaménager votre domicile afin d'en maximiser l'énergie, ou *chi*, conformément aux principes du feng shui, science ou art chinois de la mise en place énergétique.

✦ Déambulez dans la maison comme si vous l'observiez vraiment pour la première fois. Quelle impression avez-vous ? Quelles pièces « vont bien » ? Lesquelles « clochent » ?

✦ Voyez s'il y a des coins encombrés. Le désordre diminue votre énergie ; n'hésitez pas à débarrasser un peu plus.

✦ L'énergie entre par la porte principale. Celle-ci doit donc être accueillante et donner accès, idéalement, à un intérieur spacieux et bien éclairé. La porte doit s'ouvrir vers l'intérieur pour laisser l'énergie entrer en douceur. Assurez-vous que toutes les lumières fonctionnent et que l'entrée est claire et hospitalière.

✦ Évitez les longs corridors. Si un couloir se termine par un mur plein, placez-y un miroir. Brisez le rythme des portes alignées en suspendant un cristal ou un carillon éolien.

✦ L'énergie doit circuler lentement et sans heurts ; or son mouvement peut facilement être entravé si les obstacles se multiplient sur son chemin. Évitez donc les meubles saillants dans les corridors, ainsi que les angles vifs. Lorsque le *chi* est entravé, il y a habituellement des répercussions dans la vie matrimoniale et financière des habitants. Installez des miroirs pour arrondir les angles aigus.

✦ L'énergie stagne dans les endroits toujours sombres ou peu utilisés. Les pièces doivent être bien éclairées et bien utilisées. Celles qui ne servent pas souvent doivent être nettoyées et époussetées.

✦ L'énergie circule bien à la lumière du soleil. Faites entrer dans votre logis le plus de lumière possible.

✦ La vie, le mouvement et le son attirent une énergie saine. Suspendez des carillons éoliens qui tintent sous la brise ; disposez ici et là des plantes bien saines ; gardez des poissons dans des aquariums bouillonnants ou installez une fontaine.

LA DÉCLARATION FONDAMENTALE

Le travail est souvent un secteur qui nous cause des difficultés ou nous rend malheureux. Si les exercices réalisés au cours de ce week-end vous ont amené à vous poser des questions sur votre travail, essayez cette technique appelée la déclaration fondamentale. Elle vous aidera à découvrir ce qui « ferait chanter votre âme ». Vous découvrirez peut-être qu'il vous suffit de changer de point de vue, comme ce vendeur qui, stimulé par le risque lorsqu'il n'avait pas de revenu fixe, s'est mis à se sentir malheureux quand il a commencé à toucher un salaire régulier.

Si possible, demandez à quelqu'un d'écrire pour vous les expressions ou les mots que vous répétez ou sur lesquels vous insistez. Si vous travaillez seul, enregistrez-les.

1. Rappelez-vous un souvenir d'enfance joyeux. Que faisiez-vous ? Qu'y avait-il de particulier ? Comment vous sentiez-vous ? Y avait-il quelqu'un avec vous ? Quel aspect vous a surtout plu ? Écrivez les expressions et mots qui surgissent.

2. Pensez à un bon moment de votre vie – à n'importe quelle période. Posez-vous les mêmes questions que précédemment et écrivez à nouveau les expressions et les mots-clés.

3. Répétez ce processus à propos d'un passe-temps, d'une expérience de travail enrichissante et d'une occasion où vous vous êtes senti pleinement épanoui.

4. Écrivez les expressions et les mots les plus importants sur un bout de papier. Lesquels reviennent constamment ? Lesquels indiquent des tendances ? Lesquels représentent les circonstances ou les attitudes les plus importantes ? Si vous ne deviez conserver que trois ou quatre de ces expressions ou de ces mots, quels seraient-ils ?

5. Essayez de les réunir dans une phrase qui aurait vraiment un sens pour vous. Lorsque vous aurez trouvé la bonne formule, vous le saurez instinctivement – certaines personnes se mettent à rire ou à pleurer. Jouez ainsi avec les mots jusqu'à ce que vous ayez trouvé la formule qui vous convient.

WEEK-ENDS POUR L'ESPRIT ET LE CŒUR

Week-end pour sortir de la routine

Parfois, vous regardez votre vie et vous vous rendez compte que vous êtes engagé dans une ornière. Vous suivez la même routine de jour en jour depuis un certain temps. Or vous commencez à vous ennuyer. Il est donc temps de vous secouer et d'adopter un nouveau style de vie. Bien sûr, vous ne pouvez pas changer de vie en un week-end, mais vous pouvez faire un bon bout de chemin. Vous pouvez à tout le moins commencer à remettre en question vos perceptions et mettre votre conscience sur une toute nouvelle voie.

MATÉRIEL

- *Un choix d'aliments et de boissons complètement différent de vos choix habituels*
- *Huile essentielle : pin ou citron*
- *Chandelle verte*
- *Papier et crayon, peinture ou crayons de couleur*
- *Élixir floral du docteur Bach (noyer)*

Vendredi soir NOUVEAU DÉPART

Ce soir, vous allez beaucoup écrire et réfléchir, alors choisissez un repas facile à préparer. Parmi les plats suivants, lequel ne choisiriez-vous pas normalement ? Beignets de poisson et frites ; mets chinois ou indiens à apporter ; sandwich de hoummos ; soupe miso ; sauté de tofu. Choisissez celui que vous n'avez jamais essayé ou que vous prenez rarement.

PENSER À LA ROUTINE

1. Allumez une chandelle verte (symbole de nouveau départ) et, si vous le désirez, faites chauffer une huile essentielle de pin ou de citron.

2. Écrivez comment vous vivez actuellement. Quelle est votre routine quotidienne ? Soyez précis : vous levez-vous toujours de la même manière ? Que mangez-vous au petit déjeuner ? Comment vous rendez-vous au travail, etc. ?

3. Faites-vous certaines choses à jours fixes ? Prenez-vous toujours vos vacances à la même période ou allez-vous toujours au même endroit ? Quelle est l'ampleur de la routine dans votre vie ?

4. Comment vous sentez-vous à cet égard ? Vous sentez-vous réconforté ou étouffé par la routine ? Parfois, c'est difficile à dire tant qu'on n'a pas essayé d'apporter un changement. Au cours de ce week-end, vous allez aussi souvent que possible faire les choses de façon complètement différente. Cela peut sembler artificiel, mais essayez-le. Parfois, un changement minime ou insignifiant peut ouvrir des perspectives radicalement différentes et créer de nouvelles possibilités. Alors, profitez-en.

5. À côté de chaque élément de votre routine, écrivez une proposition contraire ou complètement différente. Par exemple, à côté de « croissant acheté en chemin vers le travail », écrivez « déjeuner-maison composé d'une salade de fruits frais et de muesli ».

6. Repassez ainsi toute la journée et prenez la résolution de changer absolument tout ce que vous pouvez pendant ce week-end.

PRENEZ VOS DÉSIRS POUR DES RÉALITÉS !

Prenez une grande feuille de papier et énumérez 100 choses que vous aimeriez vraiment pouvoir faire au cours de votre vie. Ces choses ne doivent pas nécessairement être réalisables ou raisonnables et elles peuvent comprendre des scénarios simples et banals (me faire couper les cheveux ; acheter de l'encens), moyennement complexes (séjourner dans une ferme santé ; apprendre à lire le tarot ; apprendre l'espagnol en suivant des cours du soir) ou franchement audacieux (créer ma propre entreprise ; faire le tour du monde ; subir une chirurgie plastique ; déménager à l'étranger).

À la fin du week-end, prenez l'engagement de réaliser au moins une de ces idées pendant la semaine suivante. Soulignez ce que vous aimeriez vraiment faire. Établissez un échéancier : prenez la résolution de faire certaines choses au cours de l'année. Voyez ce que vous pourriez faire pour atteindre vos objectifs à long terme – par exemple, mettre de côté un petit montant chaque semaine en vue de faire ce tour du monde dont vous rêvez ; cherchez comment vous recycler pour réaliser la carrière à laquelle vous aspirez ; consacrez une heure par jour (ou par semaine) à l'écriture de votre roman.

Samedi NOUVELLES PERSPECTIVES

Avant de vous lever, changez vos habitudes du matin. Par exemple, si vous vous levez habituellement à la pointe du jour, restez simplement au lit à réfléchir ou à lire. Comment aimez-vous ce genre de détente ? Si vous avez l'habitude de faire la grasse matinée, mettez le réveil à sonner aux petites heures et levez-vous avec les oiseaux. Préparez-vous à passer la journée à changer de perspective et à briser des habitudes.

Sortez et essayez des choses nouvelles. Si vous avez l'habitude de prendre votre auto, prenez l'autobus, le train ou le taxi. Au lieu d'avaler votre sandwich habituel, offrez-vous un repas dans un bon restaurant. Si vous mangez souvent seul, donnez rendez-vous à un ami. Puis, visitez au moins trois boutiques que vous ne fréquentez pas habituellement. Ayez l'esprit ouvert. Le soir, assistez à un concert classique ou rock ; allez danser la salsa ou promenez-vous au clair de lune ; restez à la maison et dorlotez-vous (pour des idées, voir le week-end beauté) ; éteignez la télévision (ou, si vous ne la regardez jamais, allumez-la !). Quoi que vous fassiez, assurez-vous que ce soit inhabituel.

ÉQUILIBREZ VOTRE ÉLÉMENT BOIS.

Selon la philosophie chinoise, le corps est un amalgame de cinq éléments. L'élément bois est lié à la créativité et à l'expression. Lorsqu'il est équilibré dans votre corps, vous êtes beaucoup plus souple et créatif, confiant et décidé. Ces exercices de shiatsu et d'étirement tout simples vous aideront à rétablir l'équilibre du bois en vous.

1. Assis sur le sol, jambes largement écartées, allongez les bras jusqu'à toucher votre pied gauche, tout en regardant votre pied droit. Sentez bien l'étirement le long du flanc et des jambes. Répétez l'exercice de l'autre côté.

2. Debout, pieds écartés, balancez vos bras librement d'un côté à l'autre pendant quelques minutes. Sentez l'air sur vos bras. Gardez-les aussi mous et détendus que possible.

3. Étendu sur le dos, demandez à un ami ou votre partenaire de faire pivoter les articulations de vos épaules et de vos hanches. La personne doit lever votre jambe ou votre bras délicatement et sans heurts en soutenant l'épaule ou la hanche de l'autre main. Si l'articulation est coincée, tirez doucement le membre et maintenez l'étirement pendant quelques instants. La sensation doit être agréable ; si c'est douloureux, n'allez pas plus loin.

4. Stimulez l'élément bois en vous par le yoga ou par une série complète d'étirements quotidiens. Pratiquez les saluts au soleil et à la lune (pages 148–151).

RESSENTIR L'ÉNERGIE DE LA PIERRE

Sortez dans votre cour, dans un parc ou dans un endroit sauvage des environs. Choisissez une pierre que vous trouvez « inspirante ». Assoyez-vous simplement en tenant votre pierre – ou assoyez-vous près d'elle si elle est géante ! Touchez-la ; sentez son odeur ; regardez-la de près ; goûtez-la. Puis, imaginez que vous êtes cette pierre. Quelle impression cela vous fait-il ? Ressentez l'énergie de la pierre. Ne faites pas cet exercice de façon précipitée car l'énergie de la pierre n'est pas rapide ; elle demande du temps et de la patience.

Dimanche VOIR LE MONDE AUTREMENT

Quel genre de vie spirituelle avez-vous ? Ce matin, songez à élargir votre perspective spirituelle. Allez-vous régulièrement à l'église ? Vous pourriez aller dans un autre lieu de culte, de votre propre religion ou d'une autre, rester à la maison et méditer ou prier en silence.

Si vous ne croyez pas et ne pratiquez pas, pensez à votre relation par rapport au divin. Si vous avez une aversion de longue date envers l'église, la synagogue ou la mosquée, c'est peut-être le bon moment pour la réévaluer. S'il y a une messe ou un service religieux ce matin, pourquoi ne pas y assister ? Sinon, vous pourriez quand même vous rendre sur place pour vous imprégner des lieux.

TRANSFORMER UNE RELATION DIFFICILE

Nous pouvons prendre de mauvaises habitudes avec les gens tout aussi facilement que dans nos activités. Cet après-midi, faites l'essai d'une technique qui pourrait vous faire perdre l'une de ces habitudes. Pensez à quelqu'un avec qui vous avez une relation difficile ou carrément mauvaise.

1. Assis ou étendu, respirez calmement et profondément.
2. Écrivez les raisons qui expliquent cette mauvaise relation. Exprimez toute votre amertume et votre colère.
3. Placez deux chaises l'une en face de l'autre. Prenez place sur la première chaise et imaginez que l'autre personne occupe la deuxième. Dites-lui exactement pourquoi vous la trouvez si difficile.
4. Changez de chaise et imaginez que vous êtes l'autre personne. Pourquoi vous trouve-t-elle si difficile ou injuste ? Mettez-vous dans sa peau et exprimez ses doléances.
5. Changez ainsi de chaise jusqu'à ce que vous compreniez les deux côtés de la question. Essayez d'accepter le fait qu'il y ait toujours deux côtés dans un conflit.
6. Brûlez le papier portant vos griefs.
7. Projetez de l'amour inconditionnel vers la personne en cause. Même si c'est difficile, faites-le, car cela peut aussi amener des transformations profondes.

GYMNASTIQUE CÉRÉBRALE

La respiration abdominale et la stimulation des points du cerveau sont des exercices de kinésiologie éducative qui permettent de mettre le cerveau en harmonie et de commencer à voir le monde autrement.

LES POINTS DU CERVEAU

Cet exercice stimule les artères carotides qui apportent le sang fraîchement oxygéné au cerveau. Il aide à rétablir les messages directionnels des parties du corps vers le cerveau, améliorant ainsi la lecture, l'écriture, la parole et la faculté de suivre des directives.

1. Posez une main sur le nombril.

2. Avec le pouce et les doigts de l'autre main, localisez les deux espaces creux sous les clavicules, à environ 2,5 cm (1 po) de la ligne médiane de la poitrine. Stimulez vigoureusement ces points pendant 30 à 60 secondes, en regardant de gauche à droite.

LA RESPIRATION ABDOMINALE

Cet exercice améliore l'apport d'oxygène à tout le corps et détend le système nerveux central tout en augmentant le niveau d'énergie. Il peut aider à améliorer la capacité de lecture et l'art oratoire.

1. Posez les mains sur l'abdomen. Expirez par la bouche par petites bouffées, comme si vous mainteniez une plume dans les airs, jusqu'à ce que vos poumons soient vides.

2. Inspirez profondément par le nez, et sentez votre corps gonfler comme un ballon sous vos mains. (En cambrant légèrement le dos, vous pouvez emmagasiner plus d'air encore.)

3. Expirez lentement et entièrement par la bouche.

4. Répétez cette inspiration-expiration à un rythme naturel trois fois ou plus.

Troisième partie – Week-ends pour l'âme

Quelle est la place de la spiritualité dans votre vie de tous les jours ? Peu d'entre nous trouvent le temps d'intégrer des pratiques spirituelles dans leur semaine de travail ; au contraire, bon nombre d'entre nous ne s'occupent absolument pas de leur âme entre 9 heures et 17 heures. Le soir venu, la plupart d'entre nous sont trop crevés pour penser même à méditer ou à s'ouvrir à la spiritualité, ils préfèrent s'écraser devant la télévision.

La fin de semaine offre cependant des possibilités infinies sur le plan spirituel. Dans la présente partie, nous explorerons diverses voies vers l'esprit, dont aucune n'exige d'avoir la foi ou une croyance religieuse préalable particulière. Un des week-ends proposés a pour objectif de favoriser l'éveil spirituel et présente donc de nombreux concepts-clés à cet effet. Si vous avez toujours voulu savoir ce qu'étaient les chakras ou apprendre à guérir ou à lire votre aura, voilà le week-end qu'il vous faut ! Je crois sincèrement que les retraites, ou vacances de l'âme, répondent à un besoin et que notre week-end de retraite peut vous donner un avant-goût de ces « pauses spirituelles ».

Nos deux autres week-ends présentent deux traditions spirituelles distinctes qui connaissent depuis peu un immense regain de faveur populaire. Le week-end chamanistique vous initie au monde des chamans en vous offrant un aperçu de certains concepts fondamentaux tels que le voyage chamanistique et les animaux esprits. Le week-end kabbalistique vous plonge dans l'ancienne tradition mystique de la kabbale et vous enseigne les rudiments de l'arbre de vie, la façon d'édifier un temple intérieur et l'art d'explorer les sens cachés du tarot.

Les processus auxquels cette partie fait appel sont très profonds et se répercuteront sans doute dans l'ensemble de votre vie. Un grand nombre de techniques et de pratiques essayées au cours d'un de ces week-ends finiront peut-être par entrer tout doucement dans votre vie quotidienne. Ainsi, vous découvrirez qu'il n'est pas si difficile, après tout, d'intégrer un peu de spiritualité dans le train-train habituel d'une journée de travail !

WEEK-ENDS
POUR L'ÂME

Week-end de retraite

Il vous arrive parfois d'avoir besoin de prendre congé de tout, d'entrer en vous-même et de vous rebrancher sur votre moi essentiel. Or il n'est pas nécessaire de payer cher ni d'aller loin, dans un lieu de retraite particulier. Transformez simplement votre logis en sanctuaire. Le week-end de retraite n'est soumis à aucune règle stricte et les instructions qui suivent sont plutôt des suggestions. Écoutez votre voix intérieure et suivez votre intuition. Vous ne pouvez vraiment vous tromper.

MATÉRIEL

- *Aliments – voir Des aliments pour la retraite (page 93)*
- *Chandelles, huiles essentielles au choix, encens*
- *Livres et musique inspirants (si vous le désirez)*
- *Vêtements confortables*
- *Papier, peinture, journal personnel, crayons*

Vendredi soir PRÉPAREZ UN SANCTUAIRE.

Ce soir, décompressez et préparez-vous. Arrangez-vous pour être seul ou demandez à vos proches de respecter cette période de paix et de réclusion. Mettez un message de « ne pas déranger » sur votre porte, ainsi que sur votre répondeur, et rassemblez tout ce qu'il vous faut pour ne pas avoir à sortir.

APPROPRIEZ-VOUS VOTRE ESPACE.

✦ Débarrassez votre espace de tout encombrement (voir conseils page 76).
✦ Nettoyez-le avec des produits naturels. Ajoutez quelques gouttes d'huiles essentielles de votre choix pour embaumer la pièce et influer sur votre humeur.
✦ Enlevez toute source possible de distraction (postes de télévision et de radio, ordinateur, documents de travail, etc.).
✦ Faites-vous un espace confortable et relaxant : coussins et tapis pour le travail au sol ; natte de yoga ou tabouret de méditation ; chaise confortable.
✦ Voyez si vous aurez envie de silence ou d'une musique de circonstance (mettez les cassettes ou les CD à portée de main).
✦ Sortez quelques livres inspirants.
✦ Disposez des chandelles de façon à produire un éclairage doux et à introduire l'élément feu. Choisissez les huiles essentielles que vous voudrez faire chauffer dans un diffuseur ou votre encens préféré. Entourez-vous d'images et d'objets qui vous inspirent.

SOUPER

Prenez un souper léger mais nourrissant et satisfaisant (voir suggestions ci-contre). Faites de vos repas des moments de conscience privilégiés : récitez une forme de bénédicité en remerciement pour votre nourriture. Soyez conscient de chaque bouchée que vous prenez. Essayez de manger en silence, en vous concentrant sur la nourriture et sans vous laisser distraire par la lecture ou la musique.

CHOISIR UN OBJECTIF

Après le souper, assoyez-vous dans votre sanctuaire et pensez à ce que vous espérez tirer de ce week-end. Promettez-vous que cette période de temps vous sera entièrement consacrée, que ce sera une période vouée exclusivement à votre bien-être intérieur. Vous pourriez allumer une chandelle, vous recueillir et penser à votre objectif.

Demandez-vous :

✦ De quoi ai-je le plus besoin dans ma vie actuellement ?

✦ Que signifie pour moi faire une retraite ?

✦ Qu'est-ce que je crains par rapport à cette activité de retraite ?

✦ Qu'est-ce que j'espère le plus de cette retraite ?

✦ Quelles questions devrais-je me poser pendant cette retraite ?

DES ALIMENTS POUR LA RETRAITE

Vous avez besoin d'aliments réconfortants, nourrissants et équilibrés (ni soporifiques ni trop stimulants). Vous y parviendrez plus facilement en adoptant les principes de la macrobiotique. Choisissez donc parmi les aliments suivants : • céréales entières • légumineuses • fruits et légumes, y compris les algues telles que dulse, wakamé, etc. • graines et noix • tofu, tempeh et miso.

Simplifiez vos menus (vous ne voulez pas passer des heures à préparer vos repas) : • soupes • riz et légumes vapeur • salades additionnées de noix et de graines, s'il fait chaud • casseroles de légumes, s'il fait froid • salades de fruits et jus de fruits et de légumes.

Samedi SUIVEZ LA VOIX DE VOTRE ESPRIT.

Rompez avec la routine sclérosée et faites ce que vous dicte votre esprit. Voici quelques règles générales dont vous pourriez vous inspirer :

✦ Mangez trois bons repas par jour. De nos jours, le jeûne n'est plus une condition pour faire une retraite – quand on a faim, il est difficile de se concentrer sur autre chose que la nourriture.
✦ Il est bon de se coucher tôt et de se lever tôt.
✦ Méditez ou recueillez-vous en silence pendant la journée.
✦ Pratiquez la respiration, le yoga, le *Qi Gong* ou le taï chi (empruntez les exercices décrits pour d'autres week-ends).
✦ Pour explorer certaines questions, essayez la peinture (voir ci-dessous), l'écriture, le chant ou la danse.
✦ Notez dans votre journal personnel les pensées, les images ou les rêves qui vous viennent.
✦ Essayez de passer un peu de temps dans la nature : marchez en silence, méditez, faites du yoga ou, simplement, assoyez-vous et observez.
✦ Ne soyez pas surchargé d'activités !

ILLUSTREZ VOTRE MOI INTÉRIEUR.

La peinture, le dessin et la sculpture sont tous d'excellents alliés de la retraite. N'ayez aucune attente ; ne vous préoccupez pas de « peindre comme il faut » ou de « bien dessiner ». L'art peut libérer l'inconscient de manière souvent spectaculaire et apporter des réponses étonnantes à certains problèmes.

Vous aurez besoin d'un endroit qui ne craint pas d'être sali. Recouvrez de vieux draps un mur ainsi que le plancher, travaillez sur une table ou épinglez votre feuille sur un panneau aggloméré placé sur le mur. Utilisez de grandes feuilles de papier – du papier journal fera l'affaire. Et choisissez le type de peinture qui vous convient – la gouache est un bon choix pour les débutants.

1. Prenez quelques instants pour vous concentrer et respirer profondément. Essayez la respiration abdominale (page 19).
2. Puis, regardez le papier, les couleurs et le pinceau. Quel

pinceau vous attire ? Quelle couleur vous interpelle ? Prenez le pinceau et faites des lignes ou des taches sur le papier.

3. Si une image vous vient à l'esprit, représentez-la comme vous voulez. Ou, encore, jetez de la couleur au hasard. Ne vous inquiétez pas si le résultat ne vous paraît pas « beau » – peu importe ce que vous aurez fait, ce sera bien.

4. Si vous êtes vraiment dans une impasse, essayez un de ces trucs : peignez avec la main non dominante, les yeux fermés ou en suivant le rythme d'une musique choisie.

5. Donnez libre cours à vos émotions. Vous voudrez peut-être vous servir de vos mains et de vos doigts au lieu du pinceau, gratter ou déchirer le papier, utiliser une seule couleur ou peindre une image miniature.

6. Si vous sentez monter les émotions, laissez-leur le champ libre. Vous aurez peut-être envie de pleurer, de crier ou de frapper le mur (ou un coussin).

7. Quand vous sentez que vous avez terminé, faites une pause. Buvez une tisane, prenez un repas ou allez vous promener.

8. Revenez et regardez votre œuvre. Que vous dit-elle ? Vous pouvez écrire vos pensées et vos réactions dans votre journal personnel. Si votre peinture portait un titre, quel serait-il ? Si elle était porteuse d'un message à votre intention, quel serait-il ?

UN MANDALA QUI REFLÈTE VOTRE VIE

✦ *Dessinez ou peignez un grand cercle au centre duquel vous placerez une photo de vous.*

✦ *Divisez le cercle selon les différents rôles que vous jouez comme cuisinier, amoureuse, partenaire, mère, jardinier, conceptrice de logiciels, entraîneur d'éducation physique, etc. Combien de temps consacrez-vous à chaque rôle ? Représentez ces différences en traçant des sections de largeur appropriée.*

✦ *Ensuite, illustrez chacun de vos rôles. Vous pouvez découper des images de magazines ou peindre des scènes, des symboles ou simplement des couleurs.*

✦ *Regardez votre mandala – que vous inspire-t-il ?*

✦ *Peignez maintenant un mandala de votre vie telle que vous voudriez qu'elle soit. De quelle largeur sont les sections ? Quels autres rôles voudriez-vous explorer ?*

Dimanche À LA RECHERCHE DU SACRÉ

En général, les retraites ont un caractère religieux. Quels que soient vos sentiments envers les religions traditionnelles, il est bon de donner une dimension sacrée à votre retraite. La façon de le faire vous appartient, mais vous pourriez envisager d'ériger un autel.

ÉRIGER UN AUTEL

Un autel est simplement un lieu où vous pouvez faire converger vos intentions et vous ouvrir à la possibilité de l'existence de Dieu. Il peut prendre de nombreuses formes et devrait inclure des objets qui ont un sens pour vous. Par exemple :

✦ Des objets qui symbolisent les éléments : un bol d'eau (vous pouvez y ajouter des fleurs ou des pétales) ; une chandelle (le feu) ; de l'encens ou un diffuseur d'huile essentielle (l'air) ; des cristaux ou un bol de sel ou de galets (la terre).

✦ Des images, des statues et des illustrations significatives pour vous, qui peuvent être religieuses (un bouddha, une croix, une étoile de David, la déesse Shiva, etc.) ou profanes.

✦ Des éléments du monde naturel qui ont une résonance – des cailloux d'un ruisseau ; un galet ou une coquille ; des feuilles et des fleurs ; des bouts de bois.

✦ Des photos de personnes chères ou de vous-même dans des activités que vous aimez. Ou un symbole de vos buts et de vos aspirations.

LA VOIE DE LA PRIÈRE

Vous pouvez vous servir de votre autel comme d'un lieu de prière ou trouver un autre endroit qui vous convient. Il y a bien des façons de prier : vous pouvez vous sentir à l'aise de reprendre les prières, les chants religieux ou les bénédictions traditionnels de votre religion actuelle ou de celle de votre enfance. Mais vous préférerez peut-être une forme plus libre.

✦ S'il existait un être divin, qu'aimeriez-vous lui demander ?

✦ Qu'y a-t-il dans votre vie dont vous vous estimiez reconnaissant ? Quels dons avez-vous reçus ? Exprimez votre gratitude pour les faveurs de la vie.

✦ Qu'y a-t-il dans la vie qui vous trouble ? Demandez conseil, aide, soutien et réconfort.

✦ Vous n'êtes pas obligé de rester assis ni de vous agenouiller pour prier. Essayez la « promenade prière ». Choisissez un endroit sûr et très beau de préférence, où vous pouvez marcher lentement. Conservez cette allure et ce rythme de marche. Prenez conscience du monde qui vous entoure et prêtez attention aux beautés de la nature. En marchant, vous pouvez prier pour les gens que vous connaissez ou réfléchir à vos interrogations par rapport au divin.

Week-end chamanistique

Les chamans sont des gardiens de la sagesse sacrée, des hommes et des femmes qui peuvent circuler entre les mondes, parler aux animaux et accomplir de profondes guérisons du corps et de l'âme. Toutes les cultures anciennes ont eu leurs chamans ; les peuples sages ont encore les leurs. Nous ne sommes pas tous attirés par la voie chamanistique dans cette vie (et c'est un apprentissage ardu) ; cependant, ses enseignements peuvent nous aider à renforcer nos liens avec le monde qui nous entoure. Pendant ce week-end, faisons un bout de chemin avec les chamans.

MATÉRIEL
- *Bâtons d'herbes fumigènes*
- *Plume, coquillage, sable ou terre*
- *Enregistrement de tambour*
- *Tabac ou semoule de maïs*
- *Magnétophone (facultatif)*

Vendredi soir **ESPRITS PURIFICATEURS**

Commencez par une fumigation chamanistique traditionnelle. Les bâtons d'herbes fumigènes sont composés de plantes aux vertus magiques et spirituelles, dont les plus utilisées traditionnellement sont la sauge et le jonc odorant. Les esprits des herbes peuvent purifier les êtres et les lieux et remplacer l'énergie négative par des vibrations positives.

1. Rassemblez ce dont vous avez besoin au milieu de la pièce. Vous pouvez ériger votre propre autel (voir page 96). Laissez une fenêtre ouverte pour permettre à l'énergie négative de s'échapper.

2. Allumez votre bâton de plantes. Attendez qu'il « prenne » – il doit dégager une fumée régulière, sans flamber.

3. Debout, pieds nus, imaginez que vous êtes solidement enraciné dans la terre (remerciez votre Mère la Terre de vous porter et de vous protéger).

4. Sentez votre corps se redresser, comme s'il était tiré vers le haut par un fil. Sentez votre lien avec les cieux et remerciez votre Père le Ciel de vous donner l'inspiration.

5. Dirigez maintenant la fumée vers votre cœur à l'aide d'une plume et imaginez toutes les impuretés qui en sont chassées grâce aux vertus de la fumée.

6. Enfumez ainsi chacun de vos autres chakras (voir pages 110–111). Sentez-vous des différences selon le chakra qui reçoit la fumée ?

7. Poussez la fumée au-dessus de votre tête, puis le long de vos bras. Imaginez qu'elle emporte tout ce qui est négatif. Descendez le bâton de fumée le long de votre dos.

8. Debout encore une fois, en tenant le bâton d'herbes entre vos mains au niveau du cœur, demandez aux forces négatives de s'en aller et à l'énergie positive de les remplacer.

9. Remerciez la fumée puis éteignez-la en enfonçant délicatement le bâton d'herbes dans la terre.

10. Rendez grâce en offrant un peu de tabac ou de semoule de maïs.

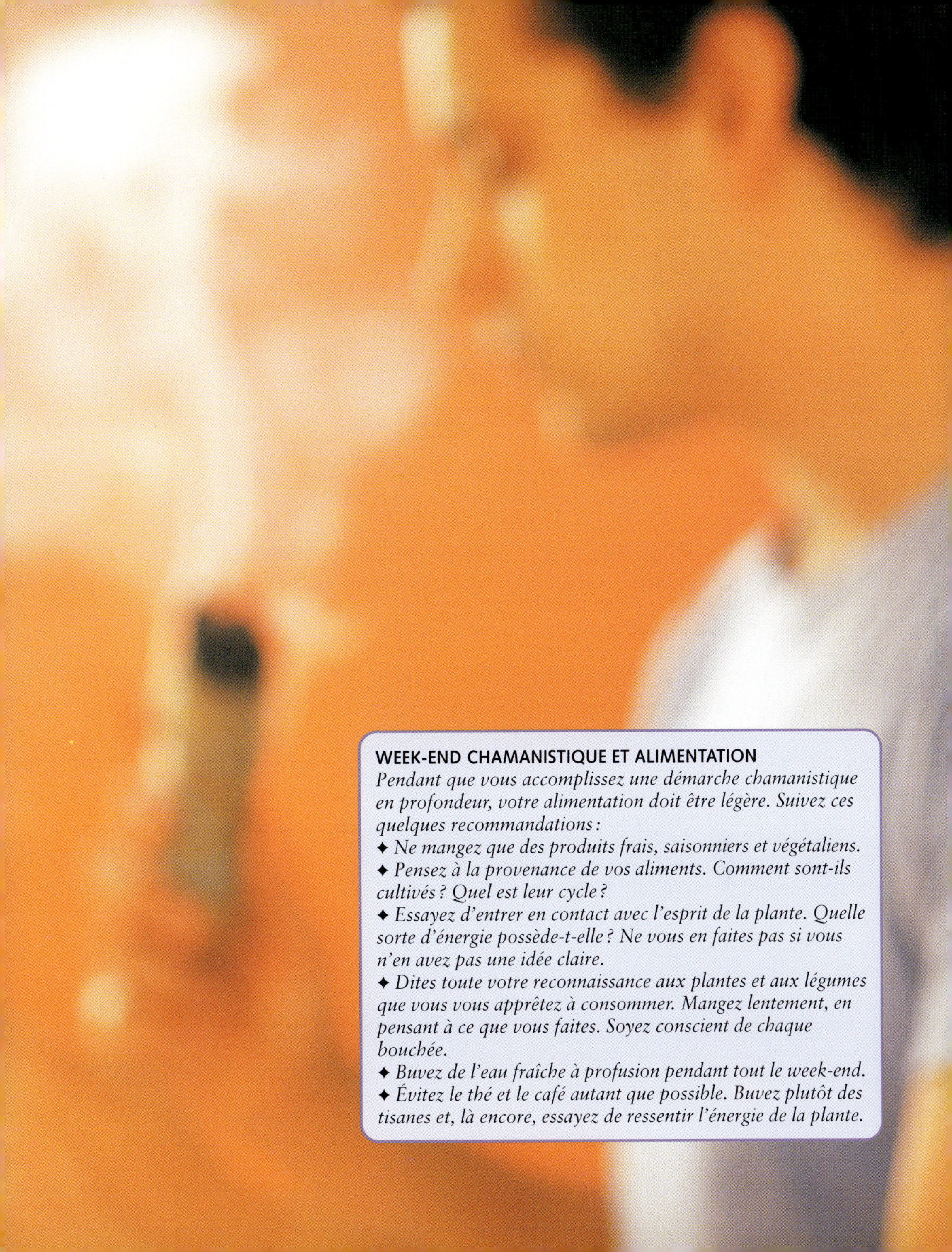

WEEK-END CHAMANISTIQUE ET ALIMENTATION

Pendant que vous accomplissez une démarche chamanistique en profondeur, votre alimentation doit être légère. Suivez ces quelques recommandations :

- *Ne mangez que des produits frais, saisonniers et végétaliens.*
- *Pensez à la provenance de vos aliments. Comment sont-ils cultivés ? Quel est leur cycle ?*
- *Essayez d'entrer en contact avec l'esprit de la plante. Quelle sorte d'énergie possède-t-elle ? Ne vous en faites pas si vous n'en avez pas une idée claire.*
- *Dites toute votre reconnaissance aux plantes et aux légumes que vous vous apprêtez à consommer. Mangez lentement, en pensant à ce que vous faites. Soyez conscient de chaque bouchée.*
- *Buvez de l'eau fraîche à profusion pendant tout le week-end.*
- *Évitez le thé et le café autant que possible. Buvez plutôt des tisanes et, là encore, essayez de ressentir l'énergie de la plante.*

Samedi LES QUATRE GARDIENS

Faites du yoga (pages 148–151) puis sortez et essayez d'entrer en contact avec l'énergie d'une pierre ou d'un morceau de bois (voir page 85). Faites ensuite connaissance avec les quatre puissants animaux esprits, ou gardiens, de la tradition amérindienne. Trouvez-vous un coin tranquille (à l'extérieur de préférence) et disposez quatre pierres en formant un grand losange. Allumez un bâton d'herbes, enfumez-vous et assoyez-vous à l'intérieur du losange.

1. La pierre qui est devant vous représente l'aigle, gardien de l'Est. Prévoyant et protecteur, l'aigle peut apporter l'inspiration, la clarté de la pensée et l'esprit de décision.

2. La pierre qui est derrière vous représente l'ourse, gardienne de l'Ouest. Animal puissant qu'il est bon d'avoir derrière soi pour surveiller ses arrières, l'ourse apporte le courage et la détermination et constitue une énergie puissante et purificatrice. L'ourse gouverne également les rêves.

3. À votre droite est assis le coyote, gardien du Sud. Doué d'un esprit vif et astucieux, le coyote gouverne les émotions.

4. À votre gauche se tient un bison femelle, gardien du Nord. Digne de confiance, il représente une merveilleuse énergie de contact avec la terre ; il apporte la connaissance de la vie et de la mort et confère la sagesse.

5. Offrez de la fumée à chaque gardien en lui demandant perspicacité et sagesse. De quel gardien avez-vous besoin ?

6. Êtes-vous attiré vers l'un des gardiens ? Si oui, demandez-lui si vous pouvez lui parler et demandez-lui conseil.

7. Demandez-lui si le temps est venu pour vous de rencontrer votre esprit-guide personnel à forme d'animal. S'il juge le temps venu, l'animal en question pourrait vous « apparaître », soit littéralement soit en imagination. Demandez alors à cet animal la permission de vous adresser à lui. Est-il « votre » animal ? Ou plutôt êtes-vous « son » être humain ? Demandez-lui s'il deviendra votre guide et protecteur.

8. Remerciez cet animal et les gardiens par une fumigation, ou un peu de tabac ou de semoule de maïs.

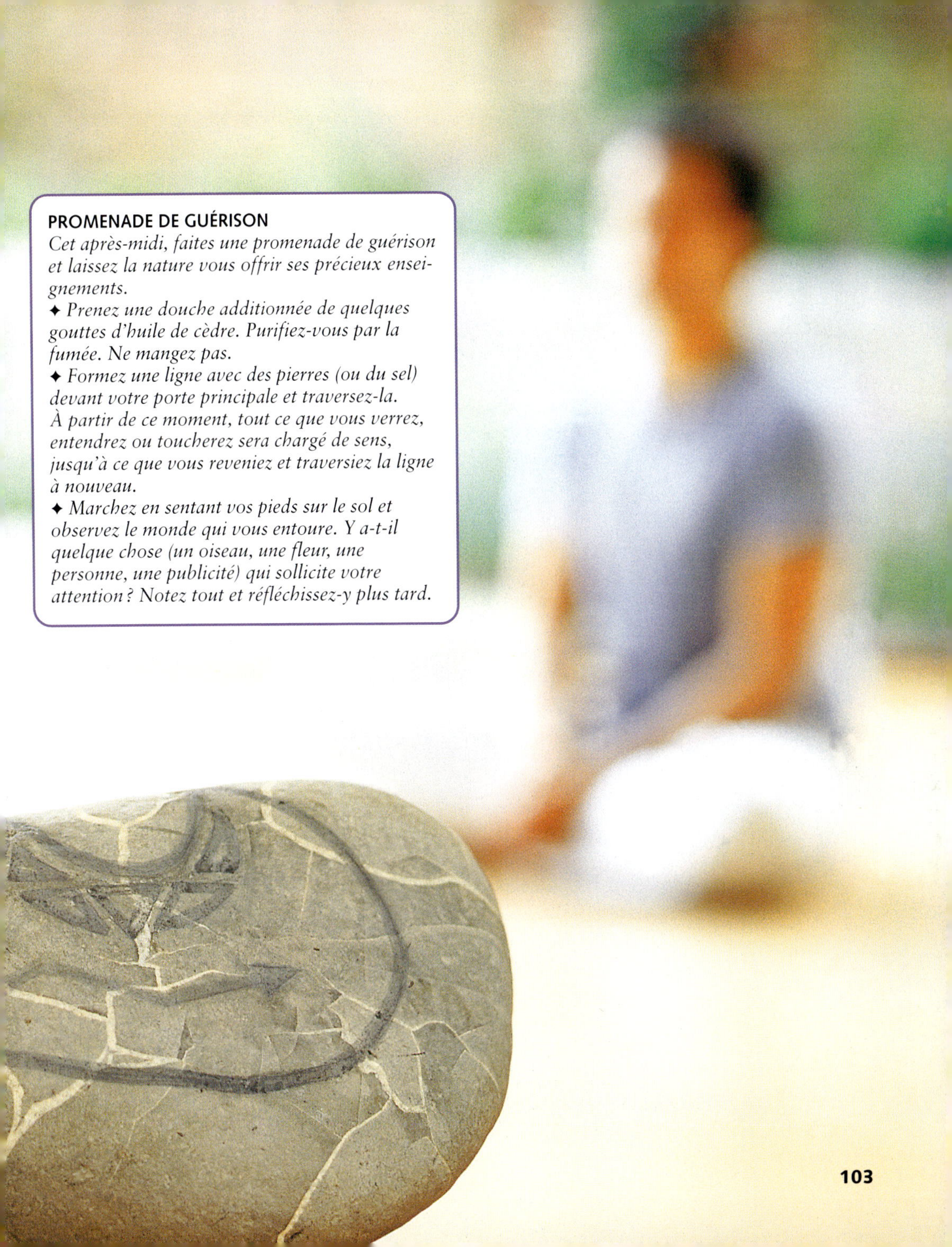

PROMENADE DE GUÉRISON

Cet après-midi, faites une promenade de guérison et laissez la nature vous offrir ses précieux enseignements.

✦ *Prenez une douche additionnée de quelques gouttes d'huile de cèdre. Purifiez-vous par la fumée. Ne mangez pas.*

✦ *Formez une ligne avec des pierres (ou du sel) devant votre porte principale et traversez-la. À partir de ce moment, tout ce que vous verrez, entendrez ou toucherez sera chargé de sens, jusqu'à ce que vous reveniez et traversiez la ligne à nouveau.*

✦ *Marchez en sentant vos pieds sur le sol et observez le monde qui vous entoure. Y a-t-il quelque chose (un oiseau, une fleur, une personne, une publicité) qui sollicite votre attention ? Notez tout et réfléchissez-y plus tard.*

Dimanche VOYAGE CHAMANISTIQUE

Ne mangez pas. Choisissez une pièce bien chauffée, confortable et sûre où vous ne serez pas dérangé. Si vous enregistrez ces instructions, prévoyez de longues pauses.

1. Purifiez-vous par la fumée, ainsi que chaque coin de la pièce. Assurez-vous que votre bâton d'herbes est sans danger et ne risque pas de laisser échapper des étincelles.

2. Étendez-vous et vérifiez que votre corps est détendu, en contractant et décontractant chaque partie.

3. Écoutez votre musique de tambour. Où pouvez-vous la sentir dans votre corps ? Laissez votre esprit suivre le rythme.

4. Vous êtes dans une forêt merveilleuse. Le soleil brille à travers les arbres. Vous pouvez sentir l'odeur des feuilles, la sève, l'humidité de la terre sous vos pieds.

5. À vos côtés se tient votre animal esprit ou un gardien.

6. Vous avancez sur un sentier qui s'élargit jusqu'à ce que vous vous trouviez dans une clairière. Devant vous se dresse un arbre gigantesque.

7. Vous le regardez en vous attardant à chaque détail. Une porte est découpée dans cet arbre vivant. Comme vous vous en approchez en compagnie de votre animal, la porte s'ouvre.

8. Des marches mènent à l'intérieur de l'arbre – elles peuvent monter, descendre ou pénétrer plus profondément. Choisissez le chemin qui semble être le bon (vous pouvez demander conseil à votre animal) et suivez-le jusqu'au bout.

9. Vous entrez dans l'un des trois royaumes chamanistiques. Observez tout : personnes, animaux, plantes ou arbres. Avec respect, demandez-leur s'ils ont un message pour vous. Vous pourriez même rencontrer des parties de vous-même ! Remerciez chaque être vivant qui vous aide.

10. Quand vous vous sentez prêt, retournez aux marches et revenez sur le sol. Traversez la forêt en sens inverse en vous sentant revenir à la conscience de veille.

11. Ouvrez les yeux doucement. Assoyez-vous en silence. Quand vous êtes prêt, levez-vous et tapez des pieds. Puis buvez et mangez un peu. Notez vos expériences.

LE BAIN DE VAPEUR

Après tout ce travail intérieur, offrez-vous un bain de vapeur dans un gymnase ou un bain turc. (Fréquentez uniquement les bains de vapeur dirigés par des chamans d'expérience.) Pensez à la négativité qui est rejetée avec la transpiration. Dans cet état supérieur de conscience, vous pourriez faire la rencontre d'un guide ou un voyage avec votre animal.

LES TROIS ROYAUMES

LE MONDE D'EN BAS, *le « lieu de la mort », n'est pas un endroit sombre et terrifiant. Vous pouvez y rencontrer des animaux, les âmes de vos ancêtres ou des parties de votre âme qui se sont perdues ou détachées. Vous pourriez inviter ces parties à vous réintégrer.*

LE MONDE DU MILIEU *est un monde parallèle au nôtre. Vous y trouverez des signes et des réponses sur le monde actuel et la vie, et vous pouvez y voir des personnes, des animaux et des lieux actuels. Vous pouvez demander des indications qui vous aideront à mieux comprendre les gens et les situations.*

LE MONDE D'EN HAUT *est un monde de nuages et de lumière habité par des anges et des esprits. Vous pouvez apprendre de ces êtres supérieurs. S'ils acceptent de vous parler, vous pouvez faire appel à leur sagesse et à leurs conseils spirituels.*

WEEK-ENDS
POUR L'ÂME

Week-end d'éveil spirituel

Si vous sentez le besoin de développer votre spiritualité, le week-end proposé ici pourrait bien être ce qu'il vous faut. Il présente de nombreux concepts-clés de l'évolution spirituelle et vous enseigne comment les appliquer. Vous y apprendrez comment percevoir l'énergie vitale du corps et comment travailler avec vos chakras et avec les auras. Votre propre équilibre entre corps, esprit et âme pourrait s'en trouver sensiblement amélioré.

MATÉRIEL

- *Huiles essentielles : romarin, eucalyptus et lavande*
- *Sel de mer*
- *Papier (ou journal personnel) et crayons*

Vendredi soir PERCEVOIR L'ÉNERGIE VITALE

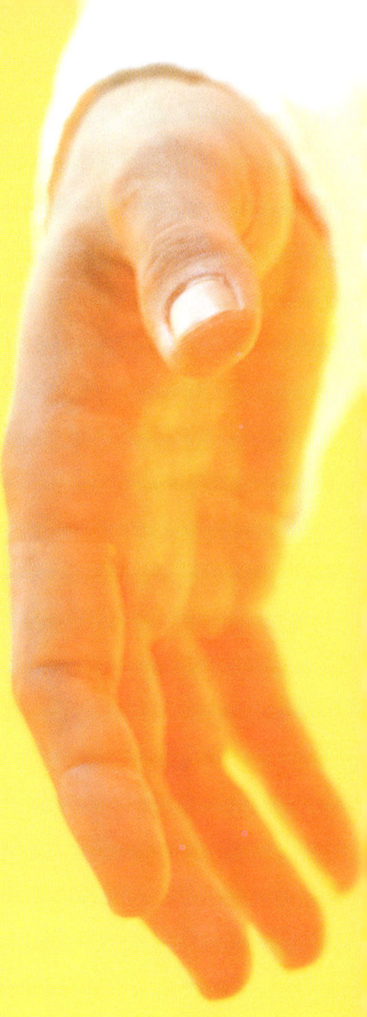

Commençons par apprendre à percevoir l'énergie vitale du corps. C'est la clé d'une grande partie du travail à accomplir pendant ce week-end.

1. Debout, pieds nus écartés à la largeur des épaules, sentez vos genoux flexibles et vos épaules détendues. Sentez votre tête remonter doucement vers le plafond et votre cou s'allonger.

2. Fermez les yeux et observez votre respiration. Respirez pendant quelques minutes en remarquant que plus vous vous détendez, plus vous respirez lentement et profondément. Centrez votre attention sur le plexus solaire, juste au-dessus du nombril. Respirez dans cette région qui correspond au centre du moi.

3. Vous sentirez bientôt l'énergie fourmiller autour de votre corps. Plus vous êtes détendu et plus vous respirez, plus cette énergie devient perceptible. Nous nous servirons de ce phénomène tout au long du week-end.

SIGNIFICATION DE LA SPIRITUALITÉ

Prenez le temps ce soir de penser à ce que la spiritualité signifie pour vous. Par exemple :

✦ Appartenez-vous à une religion ou à une foi particulière ?
✦ Votre famille était-elle croyante ou non croyante ?
✦ Quelle est votre réaction à l'idée de spiritualité ?
Quels mots vous viennent à l'esprit ?
✦ Où peut-on découvrir l'esprit et l'âme ?
✦ Pensez-vous que nous possédons le pouvoir de guérir ?
✦ Selon vous, qu'advient-il de nous après la mort ?

LES MAINS QUI GUÉRISSENT

Activez le pouvoir de guérison de vos mains.

1. Frottez vigoureusement vos paumes l'une contre l'autre pendant une minute.

2. Écartez les mains de quelques centimètres, comme si vous teniez une balle entre vos paumes. Sentez-vous un fourmillement ou une chaleur émaner de vos mains ? Puis, écartez et rapprochez successivement vos paumes comme si elles « rebondissaient » et sentez les pulsations énergétiques.

3. Écartez encore un peu les mains, comme si vous teniez un petit ballon. Imaginez qu'un point circulaire situé au centre de l'une de vos paumes peut émettre une énergie de guérison. Frottez ce point avec le pouce de l'autre main, ce qui a pour effet de l'ouvrir.

4. Répétez avec l'autre main.

5. Si vous désirez transmettre votre énergie de guérison, vous pouvez tenir une main, ou les deux, au-dessus de la partie du corps ou du chakra (voir page suivante) visé. Visualisez l'énergie de guérison qui entre dans votre corps par le sommet de votre tête et ruisselle des points de guérison situés à l'intérieur de vos mains.

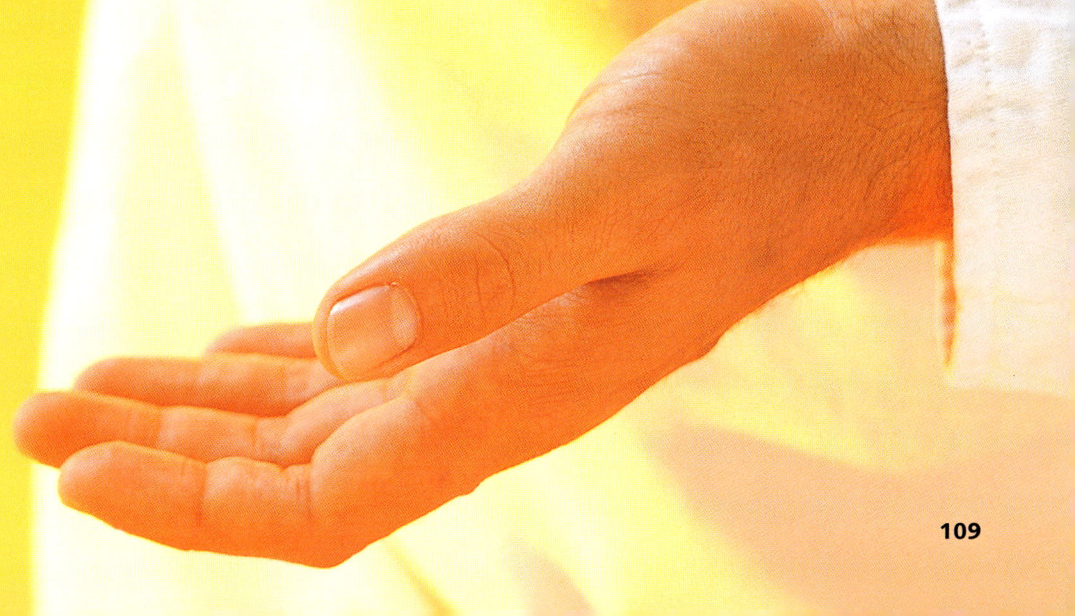

Samedi L'EXPÉRIENCE DES CHAKRAS

Commencez la journée par le salut au soleil (pages 148–149), puis étudiez vos chakras.

LES CENTRES D'ÉNERGIE

Selon la philosophie védique, nous possédons sept importants centres d'énergie, ou chakras, répartis du sommet de la tête à la base de la colonne vertébrale. Cet exercice vous permet de prendre conscience de l'énergie qui circule dans votre corps. Si vous ne connaissez pas les chakras, faites cet exercice et décrivez vos expériences ou vos sentiments, puis lisez l'encadré ci-contre pour en apprendre davantage. Si la visualisation vous convient, utilisez des couleurs différentes selon les chakras. Sinon, tenez-vous-en uniformément au blanc.

1. Pieds nus, prenez la même position debout que vendredi soir. Détendez-vous profondément, fermez les yeux et concentrez-vous sur votre respiration.

2. Imaginez une sphère d'énergie pure d'un blanc brillant au-dessus de votre tête. Ce chakra coronal est violet. Respirez dans cette sphère de lumière pendant quelques respirations : quelle impression avez-vous ?

3. À la dernière respiration, lorsque vous expirez, transférez votre attention vers la sphère (indigo) située juste au-dessous, sur le front. Respirez dans cette sphère et découvrez l'impression produite par son énergie.

4. Descendez encore en expirant jusqu'au chakra de la gorge (bleu). Observez l'énergie distincte que vous y trouvez et inspirez-la avant de continuer.

5. Avancez vers le chakra du cœur (vert). Attardez-vous quelque temps à cet important centre d'énergie.

6. Avancez vers le chakra du plexus solaire (jaune).

7. Entre le bas-ventre et le nombril se trouve le chakra du sacrum (orange).

8. Amenez votre respiration au chakra racine (rouge foncé), à la base de la colonne vertébrale. Respirez ici quelques minutes.

9. Enfin, imaginez qu'un éclair venu d'en haut traverse tous les chakras et transmet son énergie à tout votre corps.

LES CHAKRAS

CHAKRA CORONAL : a trait à la compréhension, à la connexion avec le divin. Fortifiez-le par la méditation, la prière, la visite de lieux saints.
CHAKRA DU TROISIÈME ŒIL : a trait à l'imagination, à l'intuition, aux rêves, à la perspicacité. Fortifiez-le par l'art thérapie, l'analyse des rêves, la méditation, l'autorelaxation.
CHAKRA DE LA GORGE : a trait à la communication, à la créativité. Fortifiez-le par le travail de la voix, le chant, le cri, les différents types de massage, la communication franche.
CHAKRA DU CŒUR : a trait à l'amour, à l'intimité, à l'équilibre, aux relations. Fortifiez-le par le pranayama (respiration yogique), la tenue d'un journal personnel, la psychothérapie pour guérir les anciennes blessures, l'acceptation de soi.
CHAKRA DU PLEXUS SOLAIRE : a trait à l'estime de soi, à la force intérieure, à la confiance, à la volonté. Fortifiez-le par la gestion du stress, la relaxation profonde, les arts martiaux, la technique Pilates.
CHAKRA DU SACRUM : a trait à la sexualité, à la sensualité, aux associations. Fortifiez-le par l'écoute de la musique, la danse, les thérapies corporelles, l'analyse émotionnelle.
CHAKRA RACINE : a trait au monde matériel, au corps matériel, à la position sociale. Fortifiez-le par l'exercice, le massage, le yoga, le jardinage, la poterie.

RITUEL DU SOIR

Exécutez le salut à la lune (pages 150–151). Terminez la journée par un bain, symbole de renaissance et de purification du corps et de l'âme.

- *Ajoutez deux cuillerées à soupe de sel pendant que l'eau coule.*
- *Lorsque la baignoire est pleine, ajoutez une goutte de romarin, d'eucalyptus et de lavande.*
- *Immergez-vous et sentez-vous purifié de toute négativité.*

Dimanche VOIR LES AURAS

Commencez encore une fois par le salut au soleil (voir pages 148–149) et par une période de méditation ou de prière silencieuse avant d'étudier les auras.

SIGNIFICATION DE LA COULEUR DES AURAS

Voici les significations les plus courantes :
POURPRE : mysticisme, spiritualité
INDIGO : sagesse, sensibilité
BLEU : intelligence, maîtrise, intuition
VERT : gentillesse, bonté, douceur, équilibre
JAUNE : gaieté, optimisme, joie, vitalité
ORANGE : chaleur, générosité, vitalité
ROUGE : ambition, sexualité, vitalité
ROSE : timidité, modestie, douceur, amour
NOIR : dépression, anxiété, peur, maladie
GRIS : dépression, peur, manque d'énergie
BRUN : négativité, matérialisme
BLANC : maladie, épuisement ou (du sommet de la tête) conscience spirituelle

LE CHATOIEMENT DE L'ÉNERGIE

L'aura est l'espace d'énergie vitale qui vibre autour de notre corps. Elle peut nous révéler beaucoup de choses sur notre santé physique, mentale et spirituelle. C'est très facile, en fait, d'apprendre à voir les auras.

1. Commencez par regarder un arbre ou une plante saine. Regardez légèrement dans le vague et vous devriez commencer à voir un chatoiement autour de l'arbre ou de la plante.

2. Ensuite, essayez de voir l'aura d'un animal. Vous pouvez même « flatter » l'aura de votre animal préféré en flattant celui-ci environ 2,5 cm (1 po) au-dessus de sa fourrure (les chats adorent cela).
3. Si vous voulez voir l'aura d'une personne, tenez-vous debout à une distance d'environ 3 m (10 pi) et regardez au-delà de ses épaules et de sa tête, légèrement dans le vague. Vous devriez apercevoir une lumière floue. Avec la pratique, si vous regardez plus loin encore, vous pourrez commencer à voir les couleurs.

RESSENTIR L'ÉNERGIE D'UN LIEU SAINT

Visitez un lieu saint – il peut s'agir d'un édifice ou d'un espace naturel. Passez-y quelque temps, vous contentant d'être là. Observez ce que vous ressentez et ce que vous percevez. Essayez de sentir l'énergie présente en vous servant de vos mains préalablement stimulées. Sentez-vous qu'un ou plusieurs chakras ont été activés ? Si vous êtes à l'extérieur, voyez-vous l'aura des arbres, de l'eau ou des pierres ?
De retour à la maison, consacrez du temps à une activité physique : le ménage est l'activité idéale. Il est très facile d'être amené à penser que le spirituel se situe dans l'inhabituel, le beau ou le grandiose, mais en réalité on le trouve souvent dans les endroits les plus humbles. Essayez de transformer le ménage en un exercice spirituel : appliquez-vous à la tâche, donnez-lui une signification.

CENTRAGE DU SOIR

Exécutez à nouveau le salut à la lune (voir pages 150–151) et concentrez-vous pendant quelque temps sur votre respiration (référez-vous aux exercices des pages 19, 26, 40 et 87).

Week-end kabbalistique

La kabbale est d'origine juive, mais elle a été adoptée par des mystiques de toutes origines et de toutes religions. Elle offre un plan pour mieux comprendre la création, depuis l'intention première de Dieu jusqu'à la vie réelle sur terre. Une véritable étude de la kabbale est le travail de toute une vie, mais ce week-end devrait vous donner un aperçu de ses enseignements et de leurs applications.

MATÉRIEL

- *Papier et crayons*
- *Un compas ou un petit bocal pour tracer des cercles*
- *Jeu de tarot (le tarot Rider Waite est parfait pour les novices, mais choisissez des cartes dont les illustrations vous plaisent).*

Vendredi soir **L'ARBRE DE VIE**

Découvrez l'arbre de vie, le schéma fondamental de la kabbale. La meilleure façon de le connaître, c'est de le dessiner en copiant l'illustration de cette page sur une grande feuille de papier. Dessinez-le plusieurs fois, jusqu'à ce que vous vous soyez familiarisé avec les noms des sefirot et leur position.

1 MALKUT, le royaume. Régit le corps, la Terre, ainsi que le monde matériel et physique. Couleurs : jaune, olive, brun roux et noir moucheté d'or. Symboles : la croix à branches égales, un double cube et le cercle magique.

2 YESOD, le fondement. Régit le subconscient, notre passé, notre potentiel futur, notre nature sexuelle, la lune. Couleurs : indigo, violet et pourpre très foncé. Symboles : les parfums et les sandales.

3 HOD, la Gloire. Régit la pensée, l'intellect, la volonté, la communication, la magie et les sorts. Couleurs : violet, pourpre et orange. Symbole : le tablier.

4 NETSAH, la victoire. Régit les sentiments, les activités créatives, la nature. Couleurs : ambre, émeraude et olive moucheté d'or. Symboles : la rose, la lampe et la ceinture.

5 TIF'ERET, la beauté. Régit le soi, le moi et l'âme – pure connaissance de soi. Souvent appelée le « centre du Christ » en raison de son enseignement du sacrifice et de l'amour véritable. Couleurs : rose clair, jaune et rose saumon intense. Symboles : la croix, le cube et une pyramide tronquée.

6 GEBURA, la rigueur. Régit le jugement, la pure vérité, la volonté et la puissance personnelles, la force, l'ordre, l'activité et la conscience spécifique. Couleurs : orange, rouge vif et écarlate. Symboles : le pentagone, l'épée, la lance et le fléau.

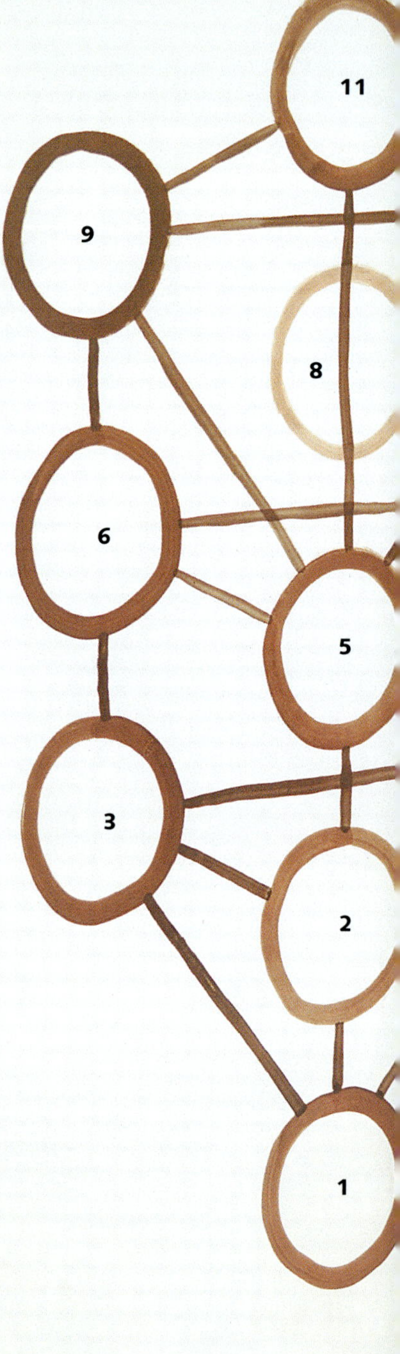

7 HESED, la grâce (parfois appelée l'amour). Régit les sentiments équilibrés de générosité, de sensibilité et de coopération. Couleurs : violet, pourpre et bleu sombre. Symboles : la sphère, la baguette et le sceptre.

8 DAAT, la connaissance. La seule sefira qui n'est pas située sur l'arbre de vie est la mystérieuse sefira cachée qui repose au milieu de l'abysse, au-dessus de Tif'eret et sous Keter. Régit tous les éléments irrésolus et irrationnels de la psyché. Couleurs : argent et ultraviolet. Symboles : un trône vide et un miroir en argent.

9 BINA, l'intelligence. Régit la conscience spirituelle et l'amour, le pouvoir bénéfique de la douleur pure et l'énergie féminine originelle. Couleurs : cramoisi, noir et brun foncé. Symboles : la coupe ou le calice.

10 HOKMA, la sagesse. Régit la volonté et l'intention spirituelles et la force masculine originelle. Couleurs : bleu et gris tendre. Symboles : tous les symboles phalliques – pierres verticales, la tour et la verge du pouvoir.

11 KETER, la couronne. La source de la création, où commence la vie, où il n'y a pas de distinction entre mâle et femelle ou entre énergie et matière. Couleurs : blanc pur et éclatant et blanc moucheté d'or. Symboles : la croix à branches égales, la « vraie » *swastika*.

UNE PRIÈRE DU SOIR

Le soir, récitez le signe de la croix kabbalistique.

1. *Tenez-vous debout face à l'Est, les pieds fermement en contact avec le sol.*

2. *Portez la main à votre front en disant : « À Toi, ô Dieu. »*

3. *Abaissez-la jusqu'au plexus solaire en disant : « Sois le royaume… »*

4. *Ramenez-la à l'épaule droite en disant : « … et la puissance… »*

5. *Portez-la à l'épaule gauche en disant : « … et la gloire… »*

6. *Joignez les mains sur la poitrine en disant : « … pour les siècles des siècles. Amen. »*

Samedi ÉVEILLEZ LE PILIER CENTRAL.

Ce matin, vous éveillerez la sefira du pilier central afin d'activer l'arbre de vie en vous.

1. Tenez-vous debout face à l'Est.

2. Visualisez une sphère de lumière d'un blanc éclatant (Keter) flottant au-dessus de votre tête.

3. Pendant qu'un rayon de lumière blanche émanant de cette sphère pénètre en vous, psalmodiez lentement le mot EHEIE (É-hé-yé) à plusieurs reprises. Imaginez que ce mot vibre au-dessus et à l'intérieur de votre tête.

4. En descendant dans votre gorge, le rayon se déploie pour devenir une sphère lumineuse d'un blanc étincelant. Psalmodiez le nom de JEHOVAH ELOHIM (Jé-ho-va É-lo-him). Laissez ce nom vibrer dans votre cou et votre gorge.

5. La lumière darde son rayon jusqu'à votre plexus solaire et, ici encore, s'arrête pour former une sphère blanche lumineuse. Psalmodiez le nom de JEHOVAH ALOAH VA DAAT (Jé-ho-va A-lo-a-va Da-at) et sentez l'énergie réchauffer et activer cette partie de votre corps.

6. Pendant que la lumière descend jusqu'à vos parties génitales, psalmodiez le nom de SHADDAI EL CHAI (Chad-dé El Khé). La syllabe « khé » est gutturale, comme la jota espagnole. Sentez circuler l'énergie.

7. Enfin, la lumière se déverse dans vos jambes jusqu'à vos pieds, en formant une grande sphère qui rejoint la Terre. Imaginez que cette sphère vous enracine à la Terre et psalmodiez le nom de ADONAI HA ARETZ (A-do-né Ha A-retz).

8. Visualisez la longue colonne de lumière qui vous relie au Ciel au-dessus de vous et à la Terre sous vos pieds. Cet exercice puissant vous aide à vous sentir équilibré et centré. Faites-le souvent.

LE TEMPLE INTÉRIEUR

Chacune des sefirot a son temple et son archange gardien. Prenez quelque temps pour édifier le temple intérieur de Malkut. Installez-vous dans un endroit tranquille et confortable et fermez les yeux. Assurez-vous que tout votre corps est parfaitement détendu. Concentrez-vous sur votre respiration.

1. Prenez graduellement conscience que le sol sous vos pieds nus est froid et recouvert de carreaux blancs et noirs disposés en damier.

2. Vous vous apercevez que vous êtes dans un temple carré très clair et très beau. Trois murs sont décorés d'immenses vitraux représentant un taureau, un aigle et un lion.

3. Au centre se dresse un autel constitué de deux cubes de bois noir superposés et recouverts d'une simple nappe. Y sont disposés un vase en cristal bleu dans lequel brûle une flamme, une coupe de vin, une miche de pain et quelques épis de maïs. Au-dessus, un encensoir diffuse une odeur riche et parfumée.

4. Devant vous se trouve un mur percé de trois portes en chêne sans serrures ni poignées. Devant ces portes se dressent deux piliers qui montent du plancher au plafond : celui de gauche est en ébène noir, celui de droite, en argent fin.

5. Faites le tour du temple en examinant l'autel, les piliers, les vitraux.

6. Lorsque vous êtes prêt, demandez à rencontrer le gardien du temple, l'archange Sandalphon. Il est grand et sa longue tunique est rehaussée d'or, de brun profond, de vert tendre et de rouge fauve. Empreints de douceur et de sagesse, ses traits ont une pointe de tristesse.

7. Demandez-lui de vous aider à acquérir la sagesse et quelques-uns des enseignements de Malkut. Demandez-lui pourquoi il est triste (seriez-vous triste vous-même si vous étiez l'archange de la Terre ?).

8. Enfin, saluez-le et prenez conscience de la réalité de veille. Ouvrez les yeux, tapez des pieds et mangez un peu.

Dimanche

Prenez congé tout l'avant-midi et allez vous promener dans la nature. Observez l'énergie terrienne de Malkut tout autour de vous. Captez-vous l'énergie d'autres sefirot ? Peut-être vous souvenez-vous d'un rêve (Yesod) ou vous sentez-vous plein d'amour pour votre enfant (Tif'eret) ; peut-être encore vous sentez-vous critique par rapport au contenu d'un article de journal (Gebura). Commencez à appliquer l'arbre de vie à tous les aspects de votre vie.

LE TAROT

Familiarisez-vous avec vos cartes de tarot. Séparez les arcanes majeurs des autres cartes – quelles images sont particulièrement attirantes ou dérangeantes ? Prenez la carte qui vous saute aux yeux, puis assoyez-vous en silence et méditez sur cette image. Que vous dit-elle ? Quelles associations porte-t-elle ? Cette carte vous plaît-elle ? Pourquoi ? Vous avez peut-être envie de noter vos pensées ou de peindre des images ou des couleurs.

LE CHEMINEMENT KABBALISTIQUE

Faites un voyage à partir de la carte de tarot de votre choix. Tous les arcanes majeurs sont représentés dans l'arbre de vie, vous accomplirez donc un cheminement kabbalistique en empruntant les sentiers qui mènent d'une sefira à une autre. Vous pouvez commencer votre voyage à partir du temple de Malkut.

1. Édifiez le temple comme vous l'avez fait la veille et demandez à Sandalphon de vous aider à voyager vers votre sentier.

2. L'image de la carte que vous avez choisie est brodée sur un immense rideau qui s'étend entre les deux piliers. Examinez-en tous les détails. En vous approchant, vous vous apercevez que l'image est vivante et qu'elle bouge. Les bordures semblent s'estomper.

3. À l'invitation de Sandalphon, vous avancez, vous entrez dans le rideau et vous le traversez. Il est possible que vous vous sentiez aspiré vers le haut comme dans un ascenseur (vous pourriez même traverser certaines sefirot). Vous faites un pas de plus et vous pénétrez dans le paysage de votre carte.

4. Qu'arrive-t-il ensuite ? Qui rencontrez-vous ? Vous sentez-vous obligé de traverser ce paysage ? Qu'apprenez-vous ?

5. Lorsque vous vous sentez prêt à revenir, retournez-vous et regardez encore une fois la carte suspendue comme un rideau. Allez vers elle et traversez-la de nouveau pour revenir dans le temple de la Terre.

6. Discutez brièvement de votre voyage avec Sandalphon, qui vous accordera peut-être quelque illumination.

7. Remerciez-le, prenez conscience de votre corps sur le sol et revenez lentement à la réalité de veille. Tapez des pieds. Prenez une boisson chaude et un goûter pour vous mettre vraiment en contact avec la Terre.

Quatrième partie – Week-ends pour accueillir les saisons

Autrefois, nos ancêtres suivaient religieusement le cycle annuel des saisons. Les rythmes de la Terre sont essentiels lorsqu'on dépend des fruits de celle-ci pour sa survie quotidienne. C'est pourquoi, jusqu'à une époque relativement récente, les populations saluaient les fluctuations annuelles de l'énergie par un cortège de festivals et de rituels.

De nos jours, peu d'entre nous dépendent directement de la terre pour leur alimentation de base – nous sommes carrément en dehors du processus agricole lorsque nous achetons nos aliments au supermarché ! Nous nous retirons même à l'abri des intempéries dans nos maisons et nos bureaux chauffés et climatisés, et nous n'osons que rarement sortir dans la nature. Un tel éloignement du cycle de la Terre constitue une perte importante pour l'homme moderne. La nature passe de la tranquillité de l'hiver à une nouvelle vie au printemps, puis de la plénitude et de l'abondance de l'été au lent déclin de l'automne. Que nous le voulions ou non, notre vie suit également ce cycle annuel ; les festivités et les rituels du passage des saisons peuvent donc contribuer à nous mettre en harmonie avec nos besoins spirituels et émotionnels.

Les quatre week-ends qui composent cette partie nous permettent d'entrer en douceur dans l'énergie spécifique de chacune des saisons. Ce sont autant de moyens pour signifier à notre esprit que le temps est venu d'effectuer un changement. Vous y apprendrez à adapter votre alimentation aux saisons et à préparer un autel pour célébrer et accueillir l'énergie de chaque nouvelle saison.

Vous y découvrirez également les questions que l'on doit aborder pendant ces périodes annuelles de transition et certains mécanismes simples pour y faire face. Sans compter les nombreuses suggestions amusantes pour profiter de toutes les saisons sans exception.

WEEK-ENDS POUR ACCUEILLIR LES SAISONS

Le printemps

Les jours sont de plus en plus longs, les soirées de plus en plus claires, et la nature connaît un regain d'activité et de croissance : partout, la VIE ne demande qu'à poindre. Votre week-end doit donc être une célébration de ce renouveau de vie, de joie et d'énergie. Commencez par débarrasser votre espace et y faire un ménage du printemps parfumé aux fraîches senteurs d'agrumes. Vous pouvez aussi vous débarrasser en douceur de l'enveloppe excédentaire que vous avez accumulée pendant l'hiver.

MATÉRIEL

- *Aliments du printemps (voir page 127)*
- *Huiles essentielles : citron, orange, bergamote ou tangerine*
- *Fleurs printanières, encens (facultatif)*
- *Vêtements vert pâle, chandelles vertes*
- *Œufs et teinture ou peinture*
- *Articles au choix pour votre autel*
- *Magazines, ciseaux, photographie récente de vous-même, colle et grande feuille de papier*

Samedi LES JOIES DU PRINTEMPS

Levez-vous tôt, étirez-vous et faites le salut au soleil (voir pages 148–149). Allez vous promener pendant qu'il y a encore de la rosée au sol et cueillez quelques-unes des largesses naturelles du printemps : fleurs, chatons, branches avec bourgeons, une pierre spéciale qui sollicite votre attention. Humez l'air frais et sentez l'énergie propre et vivifiante du printemps.

L'AUTEL DU PRINTEMPS

Rentrez, prenez une douche (en ajoutant deux gouttes d'huile essentielle), puis un petit déjeuner léger. Préparez ensuite votre autel du printemps.

1. Mettez une nappe d'autel vert pâle rappelant les nuances et la fraîcheur des bourgeons tout neufs. Choisissez aussi des chandelles vertes.

2. Répandez de frais parfums d'agrumes en chauffant des huiles essentielles dans votre diffuseur – ou faites brûler un encens léger et frais.

3. Étalez les fruits de votre promenade et ajoutez-y un vase de fleurs printanières.

4. Le printemps est une période d'éclosion de fertilité et d'énergie sexuelle que vous pouvez souligner en déposant sur votre autel des symboles de fertilité aussi anciens que des œufs peints. Vous pouvez y inscrire vos vœux pour l'année. Vous pouvez aussi faire des expériences de teinture naturelle : un oignon dans l'eau bouillante donnera à vos œufs une délicate teinte jaune.

5. Ajoutez quelques graines que vous prévoyez planter bientôt puisque la terre se réchauffe (plantez-en quelques-unes ou enfouissez dans la terre des bouts de papier portant vos souhaits).

JARDINIÈRE DE SAISON

Pensez à l'endroit où vous voulez installer votre jardinière et choisissez vos plantes en conséquence. Une jardinière à l'extérieur de la cuisine pourrait vous fournir des fines herbes fraîches, telles que le basilic, la ciboulette, le persil, la sauge ou le romarin (les deux dernières devront par la suite être transplantées, car ces plantes prendront beaucoup d'ampleur.).

Si vous avez une petite cour ou un balcon, vous pourriez commencer un potager ou planter quelques légumes dans un sac de terreau servant de jardinière.

ALIMENTATION PRINTANIÈRE

Voici le temps idéal pour vous débarrasser des kilos accumulés au cours de l'hiver. Mais faites-le en douceur et évitez de vous jeter la tête la première dans un régime draconien, car le printemps garde en réserve quelques coups de vent frisquet et vous avez encore besoin d'aliments nourrissants.

- ✦ *Profitez au maximum des légumes frais du printemps pour composer des plats plus légers mais tout aussi réconfortants : sautés, soupes, salades tièdes, frittatas (omelettes aux légumes).*
- ✦ *Le poisson, le poulet et la dinde sont de bonnes sources de protéines et se marient bien avec les légumes printaniers.*
- ✦ *Évitez les friandises et les collations sucrées qui surchargent l'organisme.*
- ✦ *Si vous le pouvez, remplacez le café et le thé par des tisanes.*
- ✦ *Si vous vous sentez épuisé, prenez un supplément quotidien de vitamines et d'oligo-éléments de bonne qualité. Vous pourriez également consulter un herboriste qui vous prescrira un tonique répondant à vos besoins.*

Dimanche S'EXPRIMER

Encore une fois, faites le salut au soleil (voir pages 148–149) ainsi qu'une promenade avant le petit déjeuner. Ce matin, vous allez vraiment réveiller votre énergie grâce à un atelier de danse maison. Au cours de l'après-midi, vous explorerez la nature et, pendant la soirée, vous confectionnerez une carte au trésor.

DANSE EXPRESSIVE

Peu importe que vous sachiez danser ou que vous n'ayez aucun sens du rythme, vous fêtez le printemps à votre guise et vous n'êtes pas obligé d'avoir des spectateurs ! Mettez de la musique qui symbolise pour vous le printemps et dansez – si vous le pouvez, dansez à l'extérieur, c'est fantastique, mais une chambre sur la rue dont vous aurez tiré les rideaux suffira.

Sentez le contact solide des pieds sur le sol. Faites pivoter les hanches pour les assouplir et libérer la région pelvienne. Comment votre corps a-t-il envie de bouger ? Ne soyez pas inhibé, bougez simplement comme vous en avez envie. Si vous êtes bloqué, examinez ces quelques suggestions :

✦ Comment une plante peut-elle se sentir lorsqu'elle surgit au grand air après avoir passé l'hiver sous la terre ?

✦ Comment les animaux se sentent-ils maintenant que les jours sont plus doux et que la vie est plus facile ?

✦ Comment un arbre se sent-il quand la sève commence à monter ?

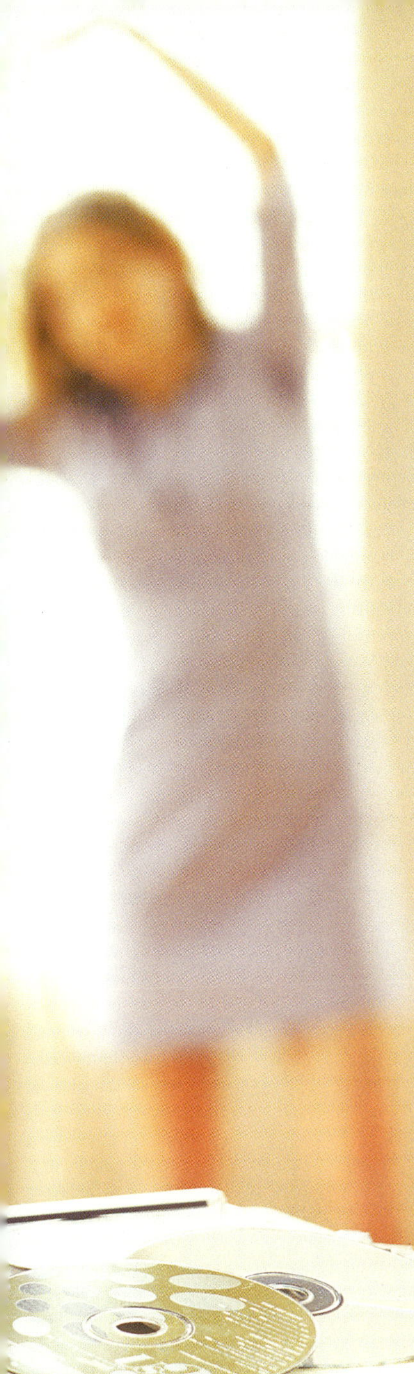

EXPLOREZ LA NATURE.

Sortez et profitez des éléments naturels. Allez en promenade à la campagne ou faites voler un cerf-volant aux environs ! Montez à cheval et regardez le paysage sous un jour nouveau (les animaux ne sont jamais aussi nerveux lorsque vous êtes à cheval). Habillez-vous chaudement et attendez-vous à quelque averse. S'il ne pleut pas, profitez-en comme d'une grâce inattendue. Le plaisir est un élément essentiel du printemps, alors faites-vous plaisir : allez au parc ou au jardin zoologique ou construisez une cabane dans le bois.

CARTE AU TRÉSOR

Vous vous sentez maintenant plein d'énergie mais un peu fatigué. Offrez-vous une soirée tranquille et fabriquez-vous une carte au trésor. Prenez un souper léger et versez-vous un verre de vin ou de jus de fruit. Allumez une chandelle verte et faites chauffer de l'huile essentielle. Dans des magazines que vous aimez, arrachez les pages qui « parlent à l'âme » – des images de votre maison idéale, de personnes accomplissant votre travail idéal ou occupant leurs loisirs comme vous aimeriez le faire. Ces illustrations peuvent être très descriptives ou évoquer une ambiance ou un sentiment.

Regardez maintenant toutes ces images de manière plus sélective. Lesquelles voulez-vous vraiment garder ? Attention : ce puissant exercice a la singulière faculté de se réaliser.

Disposez ces images sur une feuille de papier autour de photographies de vous et des gens près de qui vous voudriez vivre votre vie idéale. Vous pouvez ajouter des mots ou des phrases, mais ne soyez pas trop directif.

Placez votre carte au trésor à un endroit où vous la verrez tous les jours (devant votre bureau ou sur le mur de la cuisine, par exemple). Votre subconscient, qui travaille à partir d'images, essaiera par tous les moyens d'introduire celles-ci dans votre vie – attendez-vous néanmoins à des surprises !

WEEK-ENDS POUR ACCUEILLIR LES SAISONS

L'été

L'été, c'est la saison du soleil et du plaisir, l'exubérante saison des jeux extérieurs, des vacances et de la détente – du moins idéalement ! Si vous vivez un été pénible et que la « vie de château » n'est pas votre lot, profitez de cette fin de semaine pour célébrer la joie de la saison. Selon la tradition, le meilleur moment serait aux alentours du solstice d'été, mais n'importe quel week-end sera un bon prétexte.

MATÉRIEL

- *Panier de pique-nique – aliments au choix (voir page 132), boissons, instruments de musique, jeux, etc.*
- *Nappe de couleur vive pour votre autel, avec chandelles colorées et accessoires de fête au choix, photographies, etc.*
- *Élixir floral du docteur Bach (orme)*

Samedi CLARTÉ, VIVACITÉ ET OUVERTURE

Faites une liste des personnes que vous affectionnez particulièrement. Appelez-les et dites-leur que vous les aimez, que vous voulez les voir et que vous les invitez à un grand pique-nique ce dimanche.

L'AUTEL DE L'ÉTÉ

Prenez l'avant-midi pour ériger un autel à la gloire de l'été. Faites-en une joyeuse célébration du plaisir !

1. Choisissez une nappe de couleur vive – rose vif (un tissu de sari, par exemple) ou rouge (le plus éclatant possible) ou à motif bigarré ou multicolore.
2. Les chandelles peuvent être de n'importe quelle couleur vive (pourvu qu'il y ait du rouge).
3. Des fruits et des fleurs d'été – une profusion de parfums et de couleurs. Si vous le pouvez, ajoutez des herbes estivales magiques : l'armoise, la verveine, le millepertuis et le thym.
4. Des photographies des personnes que vous aimez – ou des personnes qui vous inspirent.
5. Ajoutez des jouets ou des personnages de bande dessinée, des flûtes et des ballons de fête, en somme tout ce qui symbolise pour vous la vie et la joie.
6. Si votre autel n'est pas assez odorant, faites diffuser des parfums suaves, comme le géranium ou la rose.

ALIMENTATION ESTIVALE

Adaptez votre régime alimentaire aux temps chauds :
✦ *Des aliments plus légers, plus froids.*
✦ *Des salades fraîches rehaussées de vinaigrettes surprenantes ; du poisson frais ou du poulet cuit au barbecue ou à la poêle sur un feu à ciel ouvert, des brochettes de légumes et du couscous.*
✦ *Des fruits d'été à manger crus, hachés en salades, réduits en jus et intégrés à des yaourts brassés à ferment actif.*
✦ *Évitez les aliments salés ou gras.*
✦ *Buvez beaucoup d'eau et très peu d'alcool.*

ENTRER EN CONTACT AVEC SON CORPS

L'été est la saison idéale pour entrer en contact avec votre corps et vos émotions et voir comment ils sont intimement liés. Nos maladies, nos douleurs ou nos malaises peuvent s'expliquer physiologiquement, mais nous pouvons aussi y voir des signes de dérèglement de notre bien-être psychologique. La question mérite d'être approfondie. Vous trouverez ici des suggestions pour comprendre certains états courants. Si vous n'y retrouvez pas le vôtre, demandez-vous ce qu'il pourrait signifier… votre intuition pourrait bien vous souffler la réponse !

MAINS OU PIEDS FROIDS

Vous réprimez vos émotions, vous avez peur d'enfreindre les règles ou vous avez l'impression de ne pas mériter ce à quoi vous aspirez. Pensez-y et parlez-en.

ROUGISSEMENT

Vous avez peur d'être jugé par les autres. Vous êtes coincé entre vos désirs et les attentes des autres à votre endroit. Reconnaissez votre peur et vos attentes. Abordez vos conflits en toute franchise et vous saurez pourquoi vous rougissez.

TORTICOLIS

On vous traite injustement ; vous vous sentez irrité ou blessé par quelqu'un (ou par votre propre comportement). Qui (ou quelle situation) vous irrite ? Écrivez à la personne en cause – vous n'êtes pas obligé d'envoyer la lettre. Consultez un masseur ou un ostéopathe pour obtenir un soulagement immédiat.

MAL DE GORGE

Vous ne dites pas ce que vous ressentez ou ce que vous pensez. Essayez d'exprimer vos sentiments. Chantez, criez ou gémissez. Inscrivez-vous à des ateliers d'affirmation de soi ou apprenez les arts martiaux.

CYSTITE

Vous entretenez de la rancœur, de la colère, de la déception. Qui (ou quelle situation) vous met en colère ? Exprimez vos sentiments – verbalement ou par lettre, en peignant un tableau ou en frappant un coussin.

LOMBAGO

Vous êtes débordé de travail, accablé par les responsabilités, écrasé. Donnez une plus grande place au plaisir dans votre vie. Déléguez certaines responsabilités. Prenez l'élixir d'orme du docteur Bach.

Dimanche LE PIQUE-NIQUE SUPRÊME

Consacrez la journée entière au pique-nique merveilleux (voir page 152) et fou que vous avez préparé pour les personnes que vous aimez particulièrement. Choisissez un endroit approprié près d'un plan d'eau – au bord de la mer, sur le rivage d'un lac ou le long d'une rivière.

Faites vos préparatifs. Tout le monde peut y participer (c'est plus amusant). Choisissez des nourritures festives qui vous rappellent l'enfance (en y ajoutant un peu de punch parfumé ou un petit vin blanc frappé !). Pensez sandwichs miniatures, tartes et confitures ou plat géant cuisiné au grand air – vaste paella mitonnée directement sur le feu ou kebabs marocains odorants cuits sur le gril.

Faites bonne provision de crème solaire et de grands chapeaux. Vous pouvez choisir un « thème », tel que « belles dames et gentilshommes du Sud », « bord de mer à la Belle Époque », « retour à Woodstock », « le pique-nique des ours en peluche », etc. Les enfants adorent se costumer, et les adultes aussi, bien souvent !

Vous pourriez ajouter quelques accessoires de jeu : balles et ballons, raquettes et filets (mais aussi faites place à l'imagination). Ajoutez des instruments de musique (si vous en jouez).

QUE LA FÊTE COMMENCE !

Quand les préparatifs sont finis, laissez le pique-nique suivre son cours. Laissez simplement les gens s'amuser et se détendre. Rappelez-vous que tout n'a pas besoin d'être parfait – la réussite viendra de la réunion de personnes intéressantes ! Attendez-vous à quelques conflits, car en été les émotions sont exacerbées. Il est même fréquent, dans les cérémonies païennes, d'organiser alors des simulacres de combat.

Vous pourriez intégrer des jeux corporels et compétitifs, comme la lutte à la corde, ou former des équipes et les lancer dans une chasse au trésor (la mission pouvant être de rapporter un objet naturel correspondant à chacune des lettres de l'alphabet). Surveillez les enfants à tour de rôle afin de permettre à tous de faire une pause.

AUTOUR DU FEU

Si vous n'avez pas encore fait de feu pendant la journée, vous pourriez en faire un à la brunante. Assurez-vous qu'il n'y a pas de danger et que vous ne perturbez en rien l'environnement – vous pouvez creuser un trou et mettre la tourbe de côté pour la remettre en place par la suite ou faire un feu sur la plage. (Pour des raisons évidentes, si vous vivez dans une région propice aux feux de forêt.)

Dès la tombée du jour, assoyez-vous autour du feu et chantez ou racontez des histoires à tour de rôle. Laissez les enfants (et les adultes) jouer à la vedette – l'été se prête à ça ! Dites-vous mutuellement pourquoi vous vous aimez les uns les autres – évoquez de bons souvenirs et de bons moments passés ensemble. Souvenez-vous des personnes qui ne peuvent pas être avec vous.

L'automne

L'automne est une saison de contraction, alors que l'énergie de la terre commence à se retirer et à réintégrer les profondeurs. C'est le bon moment pour faire provision de choses essentielles et pour éliminer ce qui n'est plus nécessaire. L'automne est la saison tout indiquée pour essayer de voir clair dans votre vie et pour vous débarrasser des rebuts, tant physiques qu'émotionnels, qui se sont accumulés pendant l'année.

MATÉRIEL

- *Aliments d'automne (voir page 138)*
- *Huiles essentielles : patchouli, pin, cèdre*
- *Cartons de convive – en feuilles ou séparés*
- *Sacs à déchets ou boîtes (pour ce dont vous n'avez plus besoin)*
- *Magnétophone (facultatif), papier et crayon*
- *Chandelles : jaune et vert foncé (orange ou rouge – facultatif)*
- *Nappe jaune (facultatif)*
- *Articles au choix pour votre autel*

Samedi PROFITEZ DES FRUITS DE LA TERRE.

Passez l'avant-midi à débarrasser et à nettoyer la maison à fond. Ouvrez la porte et jetez (littéralement et symboliquement) le vieux et le superflu. Pour alléger la tâche, mettez de la musique stimulante et énergisante. Videz le garde-manger et jetez ce qui est défraîchi ou dont la date d'expiration est passée. Rappelez-vous que les fines herbes et les épices perdent leurs vertus assez rapidement ; jetez les fines herbes dont vous ne voulez plus sur le dernier barbecue ou le premier feu de cheminée de la saison.

Mettez de côté vos vêtements et vos équipements d'été. Veillez à ce que tout soit propre et en bon état. Si ça ne l'est pas, faites une pile de choses à réparer et commencez à liquider cette pile dès la semaine suivante.

Sortez vos recettes de conserves ! Rares sont ceux qui préparent encore leurs propres réserves d'hiver, et pourtant, faire des confitures, des gelées, des chutneys et autres marinades est un excellent moyen de se brancher sur l'énergie automnale. Et rien ne vaut le spectacle d'un garde-manger plein de bons petits produits maison.

ALIMENTATION AUTOMNALE

Choisissez des aliments chauds, moelleux, bien liés, mêlant les saveurs douces et aigres.

- ✦ *Croquez les fruits de la saison (petits fruits, pommes, poires, rhubarbe, etc.), et commencez à cuire légèrement ou à pocher certains d'entre eux.*
- ✦ *Les légumes seront cuits à la vapeur ou sautés. On peut farcir et cuire au four citrouille et courges.*
- ✦ *Préparez des soupes et casseroles de légumes, des soupes de poisson et des bouillons réconfortants. Ajoutez des lentilles et autres légumineuses, des céréales et des pommes de terre.*
- ✦ *Privilégiez les édulcorants naturels tels que les jus de fruit, le miel, le sirop d'érable et la mélasse.*
- ✦ *Mangez des noix fraîches (marrons, avelines, noisettes, noix de Grenoble) mais en petite quantité si vous surveillez votre ligne !*

L'AUTEL DE L'AUTOMNE

Dressez votre autel d'automne dans un endroit propice – dans la cuisine ou au coin du feu dans la salle de séjour.

1. Étendez une nappe d'autel aux riches couleurs automnales d'orange brûlé, de brun roux ou ocre. Si vous avez une toile de lin au tissage lâche, c'est l'idéal, mais vous pouvez tout aussi bien vous servir d'un châle crocheté ou brodé à la main.

2. Allumez des chandelles jaunes et une vert foncé pour saluer la rentrée sous terre de l'énergie de croissance.

3. Placez divers éléments symbolisant l'automne : une gerbe d'épis de maïs, une figurine tressée avec des épis de maïs, une couronne de feuilles de chêne, des noix et des graines, des citrouilles et des gourdes.

4. Répandez des parfums riches et réconfortants, tels que le patchouli, le pin, le cèdre ou le poivre noir, en faisant chauffer ces huiles essentielles dans un diffuseur.

5. Faites l'offrande de tout ce que vous avez décidé d'éliminer de votre vie – des objets, des photographies et une lettre adressée à vous-même expliquant vos buts et vos intentions.

FAIRE DU PAIN

Le pain est une sorte de miracle. C'est un aliment à la fois très près de la terre et hautement spirituel. Faire votre propre pain vous met directement en contact avec la terre et avec l'énergie de l'automne et des moissons. C'est une activité merveilleuse également si vous vous sentez irritable ou angoissé – pétrir la pâte est la meilleure thérapie contre la colère que je connaisse ! La recette que vous trouverez à la page 153 donne un pain délicieux, au goût de terroir et de noisette.

Dimanche VŒUX DE L'ACTION DE GRÂCE

Sortez faire une bonne promenade rapide, quelles que soient les conditions météorologiques ! Remarquez les changements dans le paysage. Rendez grâce pour tous les bienfaits que cette année vous a apportés jusque-là. Même si vous vivez en milieu urbain, l'automne se laisse deviner. Si cette promenade vous plaît, pourquoi ne pas en faire une activité régulière, de tous les jours ou du week-end ?

Si vous ne maîtrisez pas encore l'art de bien respirer, c'est le moment de commencer (voir les exercices des pages 19, 26, 40 et 87). En médecine chinoise, cette époque de l'année est régie partiellement par les poumons. Aidez donc votre organisme à éviter la toux et les infections en respirant bien et à fond.

Cet après-midi, pensez à ce dont vous avez vraiment envie ou besoin dans la vie. La déclaration fondamentale, à la page 79, vous aidera.

SOUPER DE GRATITUDE

Préparez un repas magique pour fêter l'abondance des récoltes et la joie de l'amitié et de la famille. Tout au long de ce souper, soyez résolument positif et affirmatif.

✦ Établissez un menu qui met en évidence les couleurs et les saveurs de l'automne : un potage doré au maïs doux et pommes de terre ; une riche et savoureuse casserole de légumes et céréales ; un sauté aux couleurs vives ou des pâtes garnies de légumes grillés. Terminez avec des pommes épicées au four, une tarte aux pacanes ou à la citrouille ou de délicieuses crêpes arrosées de sirop d'érable.

✦ Soignez les préparatifs. Étendez une nappe jaune et parsemez-y des noix, des graines et des enveloppes de maïs. Illuminez votre table avec des chandelles jaunes, rouges, orange et vert foncé. Placez un gros bol de fruits au centre de la table.

✦ Fabriquez un carton de convive pour chaque personne – vous pourriez les découper en forme de feuille d'automne. Écrivez au verso quelques-unes des choses que vous aimez et appréciez vraiment à propos de chacune. Profitez de cette occasion exceptionnelle pour les remercier.

✦ Cuisinez votre repas avec amour et en pensant à chaque geste. Tandis que vous coupez, hachez, mélangez et assaisonnez les aliments, mettez-y tous les souhaits et les bonnes pensées que vous avez pour les personnes qui partageront votre souper. Certaines fines herbes ont des propriétés magiques : ajoutez du romarin pour obtenir protection et courage ; de l'aneth pour la prospérité et de la sauge pour la sagesse.

✦ Avant de manger, récitez le bénédicité ou une prière équivalente, observez un moment de contemplation silencieuse ou prononcez quelques paroles de remerciement. Vous pourriez avoir envie de penser au processus qui a amené cette nourriture sur votre table.

WEEK-ENDS POUR ACCUEILLIR LES SAISONS

L'hiver

L'hiver n'est peut-être pas des plus engageants, mais il peut nous permettre d'accomplir du bon travail et aussi de nous amuser. C'est la période de l'année où notre regard se tourne vers l'intérieur, où nous pensons à approfondir notre recherche spirituelle et à découvrir notre moi profond. Le présent week-end est donc très important. Si vous le pouvez, réalisez-le aux alentours du solstice d'hiver.

MATÉRIEL

- *Aliments d'hiver (voir page 144)*
- *Huiles essentielles : mandarine, pin et genévrier*
- *Bocaux stérilisés*
- *Autre matériel de mise en conserve et ingrédients (facultatif)*
- *Chandelles*
- *Jeu de tarot*
- *Peinture, papier (facultatif)*
- *Articles au choix pour votre autel*

Samedi CHALEUR ET CONFORT

Faites la grasse matinée et songez tranquillement à votre vie en vous demandant si vous en profitez pleinement.

✦ Quelles sont mes valeurs et mes convictions ? Si je les vivais totalement, comment cela s'exprimerait-il dans ma vie ? Comment les gens réagiraient-ils autour de moi ?

✦ Quels sont les aspects de moi que je cache aux autres, ou à moi-même, de crainte d'être désapprouvé ?

✦ Est-ce que je vis où je veux et comme je veux ou à un endroit et d'une façon choisis par quelqu'un d'autre ?

✦ De quoi ai-je besoin dans la vie pour être libre ?

Levez-vous, habillez-vous chaudement et préparez-vous un bon petit déjeuner composé de gruau ou de crêpes au sirop d'érable et d'un verre de jus d'orange frais pour la vitamine C. À midi, faites-vous une bonne soupe chaude ou un plat mijoté (le cari de panais et pommes, la soupe de fruits de mer ou le potage au cari vous réconforteront).

UN FOYER IMPROVISÉ

Si vous n'avez pas de foyer dans votre maison, faites-y entrer l'élément feu en allumant un groupe symbolique de chandelles dans un faux foyer ou simplement dans un grand récipient métallique placé sur une table.

ALIMENTATION HIVERNALE

Votre régime doit vous aider à combattre tous les maux de l'hiver.

✦ Privilégiez les soupes et les casseroles de légumes racines.

✦ Mangez un peu plus de viande – le gibier est un bon choix, en raison de son mode de vie libre et de sa faible teneur en cholestérol.

✦ Continuez de consommer des légumes verts (chou, poireau, chou vert frisé, etc.).

✦ L'oignon et l'ail renforcent le système immunitaire.

✦ Utilisez des fines herbes et des épices au goût prononcé (gingembre, cardamome, chili, cumin, coriandre).

✦ Préparez des compotes de pommes et de poires avec des fruits secs ou faites cuire des bananes au four et ajoutez-y du miel.

L'AUTEL DE L'HIVER

✦ Étendez une nappe vert foncé ou rouge (en tissu riche et somptueux ou à motif cachemire ou écossais).
✦ Disposez des chandelles rouges, des chandelles vertes, ainsi que des feuilles de gui et d'arbres à feuilles persistantes.
✦ Placez sur l'autel un pot-pourri de pommes de pin, d'anis étoilé et de bâtons de cannelle trempés dans l'eau et arrosés de quelques gouttes d'huile essentielle de cèdre ou de bois de santal. Piquez des oranges avec des clous de girofle.
✦ Disposez des photographies de membres de votre famille – même de ceux qui vous exaspèrent – car cette saison est consacrée aux personnes dont nous avons besoin plutôt qu'à celles que nous apprécions !
✦ Ajoutez une cloche (le son purifie l'ambiance) et des images du soleil pour rappeler que l'hiver n'est pas éternel.

SIROP D'OIGNON

Ce sirop fait merveille contre la toux grasse en favorisant le décollement des mucosités.

1. *Couper 6 gros oignons biologiques en morceaux et les déposer dans un bain-marie. Ajouter 200 ml (2/3 tasse) de miel sauvage clair. Couvrir et cuire très lentement pendant environ 2 heures.*

2. *Filtrer et conserver dans des bocaux stérilisés.*

SIROP D'ÉGLANTIER CONTRE LES RHUMES

1. *Jeter 450 g (1 lb) de baies d'églantier écrasées dans 900 ml (3 2/3 tasses) d'eau bouillante. Porter à ébullition. Laisser reposer pendant 20 minutes. Passer dans un linge fin. Déposer des fruits dans 300 ml (1 1/4 tasse) d'eau fraîche portée à ébullition. Laisser reposer 20 minutes et filtrer.*

2. *Mélanger les deux liquides filtrés et remettre dans la casserole. Laisser bouillir lentement et régulièrement jusqu'à ce qu'il reste 600 ml (2 1/3 tasses) de liquide épais et sirupeux. Laisser refroidir.*

3. *Sucrer avec du miel sauvage. Conserver dans des bocaux stérilisés.*

Dimanche TOURNEZ-VOUS VERS L'AVENIR.

Sortez à nouveau prendre un bol d'air frais et profiter de la lumière. Essayez la « promenade de prière » des moines qui déambulaient en suivant des labyrinthes compliqués afin que leurs pensées soient entièrement consacrées à leurs dévotions. Si l'aventure vous tente vraiment (et que vous possédez une vaste cour !), vous pourriez créer votre propre labyrinthe ou dédale en traçant des sentiers à l'aide de petits cailloux ou de gravier, mais ce n'est pas essentiel ! Marcher simplement est tout à fait suffisant.

Réservez-vous une demi-heure pour la promenade : 5 minutes pour vous concentrer ; au moins 15 pour la marche proprement dite et 5 autres minutes pour penser à ce que vous y avez appris. Marchez d'un pas confortable, mais gardez un bon rythme. Réfléchissez à un passage des Écritures, récitez un mantra religieux ou répétez un mot chargé de sens pour vous, comme « espoir » ou « paix ».

LES RÉVÉLATIONS DU TAROT

L'hiver est la saison classique de la divination. Si vous ne pratiquez pas déjà le tarot, voici une bonne occasion pour commencer à le faire. Les cartes du tarot illustrent les grandes expériences de la vie – depuis la naissance et l'innocence jusqu'à la vieillesse et la sagesse, en passant par l'amour et le travail.

Il est important de rappeler que le tarot ne prédira jamais votre avenir, mais seulement ce qui est le plus susceptible de se produire étant donné les circonstances et l'état d'esprit dans lesquels vous êtes au moment de l'interprétation des cartes. Nous sommes tous dotés de libre arbitre et nous pouvons tous choisir la façon dont nous voulons mener notre vie : le tarot nous prévient simplement des difficultés qui nous attendent. Choisissez un jeu de cartes qui vous plaît particulièrement. J'ai l'habitude de conseiller aux profanes le tarot de Rider Waite dont les représentations picturales ont le mérite d'être claires et très utiles, surtout pour les débutants. Prenez le temps de vous familiariser avec vos cartes. Regardez-les, voyez lesquelles vous attirent et lesquelles vous rebutent. Les personnes qui ont des problèmes de couple trouveront peut-être insoutenable l'illustration de l'Amoureux. Une aversion envers l'autorité pourrait provoquer une certaine répulsion devant l'image de l'Empereur, par exemple. En méditant sur votre réaction à ces images, vous pourriez avoir un bon aperçu de votre personnalité.

Tirer une carte par jour (voir ci-dessous) est une autre excellente façon de débuter.

BAIN APAISANT

Prenez un bon bain apaisant avant d'aller au lit. Ajoutez deux gouttes d'huile de pin et d'huile de genévrier à une tasse de lait et mélangez à l'eau du bain.

TIRER UNE CARTE PAR JOUR

✦ *Assoyez-vous en silence. Respirez lentement et régulièrement en vous concentrant sur votre respiration. Laissez filer les pensées fortuites.*
✦ *Mélangez les cartes lentement, en pensant à ce que vous faites. Quand vous vous sentez prêt, posez le paquet devant vous. De la main gauche, coupez vers la gauche en formant trois paquets, puis empilez-les.*
✦ *Tournez la première carte. Elle représente l'attribut essentiel de la journée qui vient. Étudiez-en le symbolisme, le nom, les couleurs. Cherchez-en le sens. Réfléchissez à ce qui la relie à vous et à votre situation.*

Salut au Soleil

Le salut au Soleil est un enchaînement de mouvements de yoga traditionnel qui envoie une vague d'énergie et de bien-être à tout le corps (et à l'esprit !). Il pourrait vous être utile d'enregistrer les instructions sur cassette jusqu'à ce qu'elles vous soient devenues familières.

1. Debout, pieds joints, détendez les épaules, rentrez légèrement le menton et regardez droit devant vous. Joignez les mains à la hauteur de la poitrine, paume contre paume comme pour prier. Expirez profondément.

10. Inhalez et retournez à la position 1. Expirez en joignant les mains en signe de prière.

8. Inspirez et revenez à la position 4, cette fois en allongeant la jambe gauche derrière vous. Rappelez-vous de garder, si vous le pouvez, les pieds à plat sur le sol.

9. Expirez et revenez à la position 3.

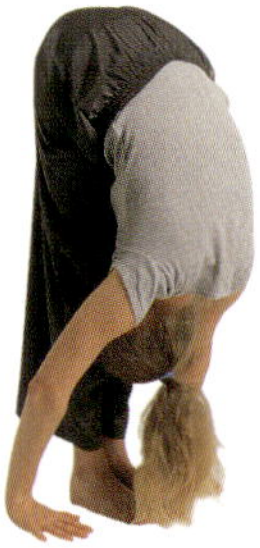

2. Levez les bras au-dessus de la tête tout en prenant une inspiration lente et profonde. En finissant d'inspirer, joignez les paumes et regardez vos pouces. Levez les genoux en serrant les cuisses. Levez les bras aussi haut que possible pour allonger tout le corps, mais sans forcer.

3. Expirez en vous penchant vers l'avant de manière que vos mains soient placées de chaque côté de vos pieds et que votre tête rejoigne vos genoux. Vous devrez peut-être plier légèrement les genoux pour y arriver. Avec le temps, vous devriez finir par garder les genoux droits.

4. Inspirez et allongez la jambe droite derrière vous, en extension complète. Gardez les mains et le pied gauche en contact avec le sol. Allongez la tête vers le haut en étirant le dos.

5. Expirez, allongez la jambe gauche avec la jambe droite et redressez les bras qui doivent vous soutenir. Les mains pointées vers l'avant, les bras écartés à la largeur des épaules, la tête, le dos et les jambes doivent former une ligne droite. Inspirez.

6. Expirez et laissez-vous descendre au sol. L'abdomen doit demeurer soulevé et le nez ne doit pas toucher au sol. Seul le front est en contact avec le sol. Ne vous en faites pas si cela semble impossible, mais gardez simplement cette idée à l'esprit.

7. Inspirez et soulevez-vous dans la position du cobra. Inclinez le corps vers l'arrière aussi loin que vous le pouvez. Regardez vers le haut et expirez.

Salut à la Lune

Le salut à la Lune est un enchaînement de postures de yoga apaisant et gracieux, juste ce qu'il faut à la fin de la journée. Vous pouvez l'exécuter en cinq minutes, après quoi vous vous sentez équilibré et bien disposé pour la soirée, quels que soient vos projets.

1. Debout, pieds écartés à la largeur des épaules, fléchissez légèrement les genoux et laissez les bras pendre mollement le long du corps. La tête doit reposer en équilibre naturel sur le cou – imaginez qu'une ficelle attachée au sommet de votre tête tire celle-ci délicatement pour l'aligner.

10. Refaites ensuite ces étapes en sens inverse pour revenir à la position 1, et terminez en joignant les mains en un geste de salutation appelé « namaskarasana ».

9. Inspirez doucement, glissez le torse au sol en pliant les coudes puis en redressant les bras, et poussez la tête, les épaules et le torse vers l'arrière dans la position du cobra.

8. Expirez doucement et abaissez les bras et le torse vers l'avant en descendant les fesses de façon à vous asseoir sur vos mollets. Inclinez-vous vers l'avant jusqu'à ce que votre tête touche le sol dans la position de la tortue.

2. Inspirez doucement et levez les bras au-dessus de votre tête en inclinant doucement le haut du corps ainsi que la tête aussi loin que possible vers l'arrière.

3. Expirez doucement en ramenant lentement les bras vers l'avant. Tout en gardant les jambes droites, inclinez le torse vers l'avant et posez les paumes sur le sol.

4. Inspirez doucement, pliez les genoux et abaissez lentement les fesses en position semi-accroupie. Expirez.

5. Inspirez doucement. Allongez la jambe gauche derrière vous, le genou touchant le sol. Levez les bras au-dessus de votre tête et inclinez le haut du corps vers l'arrière dans la position appelée le drapeau.

6. Expirez doucement en ramenant les paumes au sol, et allongez le corps vers l'avant aussi loin que possible pour former une ligne droite avec la jambe allongée.

7. Inspirez doucement, posez le genou gauche puis le genou droit au sol en position de repos. À genoux, levez les bras au-dessus de la tête et inclinez doucement le corps aussi loin que possible vers l'arrière. Cette position est appelée la demi-lune.

Recettes

POULET À LA MAROCAINE
(quatre portions)

4 poitrines (ou autre coupe) de poulet sans hormones
2 oignons, hachés finement
5 ml (1 c. à thé) de gingembre frais, haché (ou 5 ml de gingembre moulu)
Sel et poivre noir au goût
500 g (1 lb) de pommes croquantes acides (p. ex. Granny Smith), sans le cœur, pelées et tranchées. Pour varier, utiliser des poires, des prunes, des dattes fraîches ou des raisins secs.
30 ml (2 c. à table) de persil frais, finement haché
5 ml (1 c. à thé) de beurre (facultatif)

Mettre le poulet, les oignons et le persil dans une casserole et couvrir d'eau. Ajouter le beurre (si vous en utilisez), le gingembre et les assaisonnements.

Porter à ébullition, couvrir et laisser mijoter jusqu'à ce que le poulet soit tendre et que les oignons soient presque entièrement fondus et forment une sauce réduite (environ 40 à 60 minutes). Ajouter les pommes et laisser mijoter de nouveau jusqu'à ce qu'elles soient tendres mais non défaites.

Servir avec du riz brun, du couscous ou du pain, au choix.

SPAGHETTI ROMANTIQUES
(deux portions)

150 g (5 ½ oz) de spaghetti noirs
15 ml (1 c. à table) d'huile d'olive
2 gousses d'ail, hachées et non broyées
350 g (13 oz) de tomates italiennes, pelées et hachées
2 ml (½ c. à thé) de sucre
150 g (5 ½ oz) de crevettes décortiquées
12 moules dans la coquille
150 g (5 ½ oz) de filet de saumon, tranché
1 calmar moyen, tranché en rondelles
Feuilles de basilic, hachées

Faire sauter l'ail dans l'huile pendant quelques secondes et ajouter les tomates. Cuire de 5 à 10 minutes pour en faire une sauce. Cuire d'abord les moules pendant 4 minutes (jeter celles dont la coquille ne s'est pas ouverte à la cuisson) et le reste des fruits de mer pendant 2 à 4 minutes. Mélanger les fruits de mer, la sauce, le sucre. Saler et poivrer au goût.

Cuire les spaghetti puis les mélanger avec la sauce, parsemer de basilic frais et servir.

PIQUE-NIQUE ESTIVAL
(six portions)

Marinade pour le poulet :
400 ml (1 ⅔ tasse) de yogourt
15 ml (1 c. à table) de coriandre, hachée
Une pincée d'assaisonnement au chili
5 ml (1 c. à thé) de cumin en poudre
5 ml (1 c. à thé) de garam masala

Faire mariner six poitrines de poulet de 2 à 3 heures au réfrigérateur. Cuire le poulet sous le gril du four ou au barbecue sur des brochettes.

Salade de pois chiches et de feta :
480 g (17 ½ oz) de pois chiches cuits
180 g (6 ½ oz) de feta (grecque)
Une poignée de persil plat, haché
400 g (14 ½ oz) de tomates fraîches, tranchées
Sauce à salade (3 parties d'huile d'olive pour 1 partie de jus de citron)
Assaisonnements

Mélanger la salade et servir dans des roulés ou des pitas surmontés de morceaux de poulet.

POISSON ÉNERGÉTIQUE
(deux portions)

2 maquereaux moyens
1 fenouil, tranché finement
1 pamplemousse rose
1 concombre, tranché finement et légèrement assaisonné
Une poignée d'olives noires
Assaisonnement
Sel

Acheter les maquereaux vidés et étêtés. Pour que leur goût ne soit pas altéré, les maquereaux doivent avoir été pêchés le jour même ou du moins pas plus de 24 à 36 heures auparavant (les reflets irisés de la peau doivent être très brillants). S'ils sont ternes, il vaut mieux les laisser là.

Saupoudrer un peu de sel sur la peau avant de faire griller à feu vif, de 5 à 8 minutes de chaque côté.

Servir avec une salade de concombre ainsi qu'une salade de fenouil cru finement tranché et de quartiers de pamplemousse rose mélangés avec quelques olives noires, le jus du pamplemousse et les assaisonnements.

SALADE DE FRUITS « DÉSINTOX »

(deux portions)

500 g (18 oz) d'abricots frais
250 g (9 oz) de framboises
250 g (9 oz) de bleuets
Quelques graines de cardamome verte
400 ml (1 2/3 tasse) de yogourt

Couper les abricots en tranches et mélanger avec les framboises et les bleuets. Ajouter les graines de cardamome au yogourt (on doit ouvrir les capsules de cardamome pour libérer les graines) et servir.

Autres suggestions : remplacer les abricots par des figues fraîches et utiliser aussi des pêches, des mûres, des baies de cassis, des prunes de Damas, des mûres blanches et des mangues.

DOSAS

(quatre portions)

250 ml (1 tasse) de semoule de maïs
250 ml (1 tasse) de farine de riz
500-750 ml (2-3 tasses) d'eau frémissante
Une grosse pincée de sel de mer
2 ml (1/2 c. à thé) d'huile d'olive ou de beurre clarifié

Mélanger la semoule de maïs, la farine, l'eau et le sel. Couvrir et laisser reposer toute la nuit. Chauffer environ 2 ml (1/2 c. à thé) d'huile d'olive ou de beurre clarifié dans une poêle antiadhésive.

Verser une petite quantité de mélange et l'étendre délicatement jusqu'à obtenir une crêpe de 10 à 15 cm (4 à 6 po) de diamètre. Laisser brunir puis retourner. Conserver au chaud. Servir avec des fruits ou de la confiture sucrée au jus de fruit.

Chutney à la coriandre : *servir avec un chutney composé de coriandre fraîche hachée, de noix de coco râpée et d'un peu de menthe hachée dans du yogourt.*

POMMES DE TERRE MASALA

(quatre portions)

4 pommes de terre, coupées en cubes et cuites à demi
30 ml (2 c. à table) d'huile
50 ml (1/4 tasse) d'eau
1 ml (1/4 c. à thé) de curcuma
5 ml (1 c. à thé) de poudre de cari
5 ml (1 c. à thé) de graines d'oignon
1 tomate, hachée
Ail, gingembre, chili, cumin vert et coriandre
Jus de citron (facultatif)
5 ml (1 c. à thé) de sel de mer

Faire chauffer l'huile et ajouter les graines d'oignon, la tomate, ainsi que l'ail finement haché, le gingembre, une pincée de chili, le cumin vert et la coriandre fraîchement hachée.

Réduire la chaleur et cuire 3 minutes. Ajouter les pommes de terre, le jus de citron, le sel et l'eau. Cuire 15 minutes ou jusqu'à ce que les pommes de terre soient tendres.

Vous pouvez servir ce mets séparément ou en garnir des crêpes dosas pour obtenir des masalas dosas.

CUIRE SON PAIN

1 kg (2 1/5 lb) de farine maltée avec grains concassés
Une petite poignée de levure
700 ml (2 2/3 tasses) d'eau chaude
5 ml (1 c. à thé) de sucre
8 ml (1/2 c. à table) de sel de mer
30 ml (2 c. à table) d'huile d'olive

Mettre une petite poignée de levure dans un bol et ajouter 5 ml (1 c. à thé) de sucre et un peu de l'eau chaude mesurée. Mélanger jusqu'à ce que vous entendiez le mélange bouillonner. Chauffer le four à 180 °C (350 °F).

Mettre la farine maltée avec grains concassés dans un autre bol. Saupoudrer le sel sur la farine et ajouter l'huile d'olive. Ajouter le reste de l'eau chaude.

Verser le mélange de levure sur le mélange de farine. Presser et pétrir la pâte.

Laisser la pâte lever pendant 10 minutes. Séparer la pâte et former des petits pains (si vous vous en sentez l'habileté, vous pouvez les tresser ou former des petits pains-chapeaux). Cuire au four de 20 à 24 minutes. Pour voir s'ils sont cuits, sortir un petit pain du four et frapper le dessous du bout du doigt : si le son est creux, le pain est cuit.

Il ne vous reste plus qu'à déguster vos petits pains pour souper, avec un gros bol de soupe.

Ressources

ACUPUNCTURE

Association d'acupuncture du Québec
441, rue Sainte-Hélène, bureau 1
Longueuil (Québec) J4K 3R3
Tél. : (450) 679-0853 ;
(418) 623-9451
Téléc. : (450) 467-9213
Site Web :
www.acupuncture-quebec.com
Ad. élect. :
info@acupuncture-quebec.com

ANALYSE DES RÊVES

Ordre des psychologues du Québec
1100, avenue Beaumont, bureau 510
Mont-Royal (Québec) H3P 3H5
Tél. : (514) 738-1881 ou
(800) 363-2644
Téléc. : (514) 737-6431
Site Web : www.ordrepsy.qc.ca

DIÉTOTHÉRAPIE

Association des diététistes du Québec
544, rue de l'Inspecteur, bureau 210
Montréal (Québec) H3C 2K9
Tél. : (514) 954-0047
Téléc. : (514) 390-0681
Site Web : www.adaqnet.org

Les diététistes du Canada
Site Web : www.dietitians.ca

Ordre professionnel des diététistes du Québec
1425, boul. René-Lévesque Ouest, bur. 703
Montréal (Québec) H3G 1T7
Tél. : (514) 393-3733
Téléc. : (514) 393-3582 ou
(888) 393-8528

GESTION DU STRESS

Ordre des psychologues du Québec
1100, avenue Beaumont, bureau 510
Mont-Royal (Québec) H3P 3H5
Tél. : (514) 738-1881 ou
(800) 363-2644
Téléc. : (514) 737-6431
Site Web : www.ordrepsy.qc.ca

HOMÉOPATHIE

Syndicat professionnel des homéopathes du Québec
1600, avenue de Lorimier, bureau 382
Montréal (Québec) H2K 3W5
Tél. : région de Montréal :
(514) 525-2037 ;
autres régions :
(800) 465-5788
Téléc. : (514) 525-1299
Site Web : www.total.net/~sphq/
Ad. élect. : sphq@total.net

HYPNOTHÉRAPIE

Fédération des praticiens et praticiennes en hypnose du Québec
B.P. 361, succ. Beaubien
Montréal (Québec) H2G 3E1
Tél. : (514) 279-1187 ou
(800) 490-2955
Téléc. : (514) 279-1128
Ad. élect. : www.totalmedia.qc.ca

MASSAGE

Fédération québécoise des massothérapeutes
1265, av. Mont-Royal Est, bur. 204
Montréal (Québec) H2J 1Y4
Tél. : (514) 597-0505 ou
(800) 363-9609
Téléc. : (514) 597-0141
Site Web : www.fqm.qc.ca/FQM/Fqm Toile.nsf/pages/FQM-000
Ad. élect. : administration@fqm.qc.ca

Alliance des massothérapeutes du Québec
85, rue Laurier
McMasterville (Québec) J3G 1P7
Tél. : (450) 446-1786 ou
(888) 687-1786
Téléc. : (450) 446-5611
Site Web : massotherapeutes.qc.ca
Ad. élect. :
info@massotherapeutes.qc.ca

CMAPPAC inc.
(Corporation des massothérapeutes et autres praticiens praticiennes en approches corporelles inc.)
109, boulevard de Bromont
Bromont (Québec) J2L 2K7
Tél. : (450) 534-1161 ou
sans frais (866) 211-1161
Téléc. : (450) 534-0559
Site Web : http ://www.cmappac.com

MUSICOTHÉRAPIE

Association québécoise de musicothérapie (AQM)
4835, rue Jeanne-Mance
Montréal (Québec) H2V 4J6
Tél. : (514) 270-2797
Ad. élect. : aqm@videotron.ca

NATUROPATHIE

Ordre des naturothérapeutes du Québec
319, rue Saint-Zotique Est,
Montréal (Québec) H2S 1L5
Tél. : (514) 279-6641
Site Web : http ://www.onaq.net
Ad. élect. : info@onaq.net

Association nationale des naturothérapeutes
1167, rue Saint-Marc
Montréal (Québec) H3H 2E4
Tél. : (514) 939-1457
Téléc. : (514) 846-1601
Site Web : www.psncanada.com
Ad. élect. : gazette@therapists.org

Association des massothérapeutes et praticiens holistiques
#207, 17878-106 Avenue Edmonton
(Alberta) Canada T5S 1V4
Tél. : (780) 484-2010 ou
(888) 711-7701
Téléc. : (780) 484-3605
Ad. élect. : admin@amtwp.org

CIMA – Corporation des intervenants en médecine alternative
805, route 243
Kingsbury (Québec) J0B 1X0
Tél. : (819) 564-3944 ou
(800) 434-3944
Téléc. : (819) 826-1291
Site Web : www.cima-q.qc.ca
Ad. élect. : cimaq@cima-q.qc.ca

Association de santé holistique du Québec
8150, boul. Henri-Bourassa
Charlesbourg (Québec) G1G 4C9
Tél. : (418) 626-4686
Téléc. : (418) 626-6945
Ad. élect. : ashqlu@microtec.net

Association des kinothérapeutes du Québec
580, boul. Curé-Labelle, C.P. 79012
Sainte-Rose (Québec) H7L 5J1
Tél. : (514) 990-9942
Ad. élect. : apopq@microtec.net

Fédération canadienne des orthothérapeutes
243, rang 9
Wickham (Québec) J0C 1S0
Tél. : (819) 398-6415 ou
(888) 330-6776
Téléc. : (819) 398-6415
Site Web : www.fco-cfo.ca

PHYTOTHÉRAPIE

La Guilde des herboristes
B.P. 47555,
Comptoir postal Plateau Mont-Royal
Montréal (Québec) H2H 2S8
Tél. : (514) 990-7168
Site Web : http ://guildedesherboristes.iquebec.com
Ad. élect. :
guildeherboriste@hotmail.com

Technique Alexander
465 Wilson Ave
Toronto (Ontario) M3H 1T9
Tél. : 1-877-598-8879
Téléc. : (416) 631-0094
Site Web : http ://www.canstat.ca/
Ad. élect. : canstat@istar.ca

THÉRAPIE PAR L'ART

Association des art-thérapeutes du Québec inc.
5764, avenue Monkland
C.P. 301
Montréal (Québec) H4A 1E9
Tél. : (514) 990-5415
Téléc. : (514) 483-6692
Site Web : http ://iquebec.ifrance.com/aatq/francais7.html
Ad. élect. : aatq@iquebec.com

YOGA

Sahaja Yoga
Montréal : (515) 637-2435
Trois-Rivières : (819) 371-7611
Estrie : (819) 868-1939
Site Web : http ://www.sahajayoga.ca

Yoga Canada
Tél. : (819) 322-3226
Site Web : http ://www.bvx.ca/yoga/index.htm

Centre de yoga Sivananda
5178, boul. Saint-Laurent
Montréal (Québec) H2T 1R8
Tél. : (514) 279 3545
Téléc. : (514) 279 3527
Site Web : http://members.attcanada.ca/~syvctoro/montreal/aboutf.html
Ad. élect. : montreal@sivananda.org

SITES WEB INTÉRESSANTS :

Bottin Santé et croissance :
http ://www.bottin-sante.org

Réseau Proteus :
http ://www.reseauproteus.net

Santé-Net Québec :
www.sante-net.net

Site international du mieux-être :
http ://www.parcours.com/index.html

Lectures complémentaires

Ces livres constituent d'utiles lectures de base pour chaque week-end.

WEEK-ENDS POUR LE CORPS

Alexander, Jane, *Le mieux-être en cinq minutes*, Outremont, Éditions du Trécarré, 2001

Anand Naslednikov, Margot, *L'Art de l'extase sexuelle*, Paris, Guy Trédaniel éd., 1992

Corneau, Cristiane, *Cosmétiques au naturel*, Outremont, Quebecor, 1997

Courchesne, Alain, *L'énergie douce des thérapies naturelles – guide pratique des médecines douces*, Boucherville, Éditions De Mortagne, 1993

Evans, *Le Grand Livre des médecines naturelles*, Paris, Manise, 1999

Gerzabek, Ute, *Pour en savoir plus sur la respiration et vivre mieux*, Paris, Sand, 2000

Gimbel, Theo, *Couleurs et lumière, sources de santé et de bien-être*, Paris, Le Courrier du livre, 1994

Hart, Alicia, *Désintoxiquez votre organisme naturellement*, Outremont, Quebecor, 2000

Huard, Danielle, *L'Aromathérapie au service de la beauté*, Outremont, Quebecor, 1997

Jackson, Judith, *Le Livre du bien-être*, Montréal, Sélection du Reader's Digest, 1997

Lawless, Julia, *L'Aromathérapie*, Cologne, Könemann, 1999

Lazarades, Linda, *Découvrir la nutrithérapie*, Aller, Marabout, 2000

Masterton, Aila, *Technique Alexander*, Cologne, Könemann, 1999

Méthode thérapeutique par Qi Gong chinois, Jinan, Chine, Éditions scientifique et technique de Shandong et Laval, Guy Saint-Jean Éditeur, 1990

Morrison, Judith H., *Le Livre de l'ayurvéda : le guide personnel du bien-être*, Paris, Le Courrier du livre, 1995

Newman Turner, Roger, *La Médecine naturopathe*, Montréal, Québec / Amérique, 1995

Nobis, Jean-Claude, *Chromothérapie*, Paris, Librairie de l'inconnu, 1996

Ody, Penelope, *Les Plantes et la santé selon l'Ayurvéda, la MTC et la phytothérapie occidentale*, Montréal, Sélection du Reader's Digest , 2001

Pitman, Vicki, *La Phytothérapie,* Paris, J'ai lu, 2001

Premo, Ma, et Éthiers, M. Geet, *La célébration sexuelle*, Boucherville, Éditions De Mortagne, 1995

Ramesh, Gita, *Massage ayurvédique avec les plantes*, Paris, Guy Trédaniel éd., 2000

Ray Stubbs, Kenneth, et Saulnier, Louise-Andrée, *Massages intimes pour couples*, Laval, Guy Saint-Jean Éditeur, 2001

Rippin, Joanne, *Aromathérapie – Soins du corps, relaxation et bien-être*, Paris, Celiv, 1998

Robert, Céline, et Peyre, Marc, *Le Drainage lymphatique manuel*, Paris, Éditions Ellébore, 1994

Rogans, Eve, *Médecine chinoise par les plantes*, Cologne, Könemann, 1999

Ruben, Leonard, *La Méditation à la portée de tous*, Outremont, Quebecor, 1999

Saint-Laurent Vézina, Sylvie, *Stress*, Sherbrooke, Productions GGC, 1996

Shapiro, Debbie, *L'Intelligence du corps : comprendre les émotions qui affectent notre santé*, Loiret, Saint-Jean-de-Braye, 1998

Shaw, Non, *Phytothérapie – Guide illustré du bien-être*, Cologne, Könemann, 1999

Shealy, C. Norman, *Encyclopédie pratique des médecines douces*, Cologne, Könemann, 2000

Sullivan, Karen, *Vitamines et minéraux – guide illustré du bien-être*, Cologne, Könemann, 1999

Verdilhac, Monique de, *Se libérer par le souffle : pour retrouver son harmonie intérieure*, Paris, Albin Michel, 1994

Villiers, Christine, *La Pratique aisée du yoga*, Paris, Éditions Ellébore, 2000

Walters, Clare, *Aromathérapie – Guide illustré du bien-être*, Cologne, Könemann, 1999

WEEK-ENDS POUR L'ESPRIT ET LE CŒUR

Borrel, Marie, *Le Guide des élixirs énergétiques*, Paris, Guy Trédaniel éd., 2001

Bourre, Dr Jean-Marie, *Les Aliments de l'intelligence et du plaisir*, Paris, Éditions Odile Jacob, 2001

Chopra, Dr Deepak, *Cette énergie qui est en vous*, Paris, Presses du Châtelet, 1994

Frappier, Renée, et Danielle Gosselin, *Le guide des bons gras*, Montréal, Éditions Maxam inc., 1999

Frappier, Renée, *Le Guide de l'alimentation saine et naturelle*, tomes 1 et 2, Montréal, Éditions Maxam inc., 1987 et 1990

Guilbeault, Claude, *Touche-moi avec tendresse*, Montréal, Édimag, 1998

Harrold, Fiona, *Massage, le bien-être au bout des doigts : toutes les techniques pour soulager la douleur et chasser le stress*, Paris, Hachette, 1993

Marillac, Alain, *La Relaxation*, Boucherville, Éditions De Mortagne, 1989

Mercier, Marcel, *Le Corps énergie*, Boucherville, Éditions De Mortagne, 1989

Mitchell, Stewart, *Techniques de massage ou les mains bienfaisantes*, Cologne, Könemann, 1999

Pooley, Nicola, *Petit Guide du shiatsu*, Cologne, Könemann, 1999

Rudd, Carol, *Essences florales – Guide illustré du bien-être*, Cologne, Könemann, 1999

Too, Lillian, *Feng shui – Guide pratique d'un art de vivre*, Cologne, Könemann, 2000

Trevelyan, Joanna, *Le Feng shui dans la maison*, Paris, Solar, 2000

Ulmer, Günter A., *Développez votre potentiel énergétique*, Genève, Édition Jouvence, 2001

WEEK-ENDS POUR L'ÂME

Aïvanhov, Omraam Mikhaël, *La Méditation*, Fréjus, Prosveta, 1995

Bates, Bryan, *Le Sorcier : la voie du wyrd*, Monaco, Éditions du Rocher, 1996

Baudouin, Bernard, *Le Chamanisme – Une médiation entre les mondes*, Paris, Éditions De Vecchi, 1999

Bermann, Roland, *À la recherche de l'unité – Exégèse biblique et kabbale des lettres*, Paris, Dervy, 1996

Da Silva, Esmeralda, *Sagesse d'antan – Le tarot*, Cologne, Könemann, 1997

Denning, Melita et Osborne Phillips, *Introduction à la kabbale magique*, Paris, Sand, 1994

Drury, Nevill, *Le Chamanisme*, Genève, Édition Jouvence, 1989

Eastman, Charles A., *L'Âme de l'Indien*, Paris, Pocket, 1996

Eggeling, Sitara E., *Mandalas hindous*, Paris, Le Courrier du livre, 1999

Eliade, Mircea, *Le Chamanisme et les techniques archaïques de l'extase*, Paris, Payot, 1983

Goetschel, Roland, *La Kabbale*, Paris, Presses universitaires de France, Que sais-je ?, 1985

Gyatso, Guéshé Kelsang, *Le Manuel de la méditation*, Paris, Éditions Tharpa, 1999

Haziel, *Initiation à la Kabbale – Transmission du Savoir Divin*, Paris, Éditions Bussière, 1999

Korenfeld, Édouard, *Le Grand Livre de vos rêves*, Paris, First, 2001

La Fontaine, Jeannine de, Luc Lapointe et Michel Bégin, *Une conscience qui guérit*, Sherbrooke, GGC / Paris, Buchet Chastel, 1998

McCormack, Kathleen, *L'Interprétation du Tarot*, Paris, Celiv, 1999

Meadows, Kenneth, *La Voie médecine*, Paris, Guy Trédaniel éd., 2000

Mercier, Mario, *Chamanisme et chaman*, Paris, Belfond, 1977

Milleville, Claude de, *Le Secret des rêves, Messages de l'inconscient et découverte de soi*, Paris, Flammarion, 2001

Millman, Dan, *La Voie du guerrier pacifique*, Montréal, Éditions du Roseau, 1994

Ouaknin, Marc-Alain, *Mystères de la kabbale*, Paris, Éditions Assouline, 2000

Pallardy, Pierre, *Les Chemins du bien-être*, Paris, J'ai lu, 1990

Payer, Charles-Rafaël, *Les Chakras – Symbolisme et médiation*, Tome 1, Saint-Hyacinthe, Éditions de l'Aigle, s.d.

Payeur, Charles-Rafaël, *La Kabbale et l'Arbre de Vie*, Saint-Hyacinthe, Éditions de l'Aigle, 1998

Pollack, Rachel, *Tarot*, Cologne, Könemann, 1999

Sator, G., *Feng Shui – Habitat et Harmonie*, Paris, Vigot, 2000

Scholem, Gershom G., *La Kabbale et sa symbolique*, Paris, Petite bibliothèque Payot, 1980

Tanguay, Lucille, *Les Rêves – 1000 facettes de la conscience humaine*, Boucherville, Éditions De Mortagne, 1994

Wang, Robert, *Le Tarot qabalistique – Le Tarot et les sentiers*, Mennecy, Ediru, 2000

SAISONS

Duff, Gaill, *L'Alimentation au fil des saisons*, Cologne, Könemann, 1999

Fritsch Griffon, Laurence, *La Ronde des saisons et des signes*, Paris, Pocket, 1994

Index